乙女のロマンス手帖

堀江あき子★編

「少女のお部屋」勝山ひろし／画

らんぷの本
mascot

河出書房新社

はじめに

昭和二〇～三〇年代の少女雑誌は、読者たちの夢と憧れが詰め込まれた魅惑の宝箱でした。

美空ひばり、松島トモ子、鰐淵晴子（わにぶちはるこ）、小鳩（こばと）くるみといった憧れの少女スターたちのグラビアで彩られた誌面、波乱万丈のドラマが繰り広げられる少女小説・絵物語やマンガ、他では絶対に手に入らないステキな付録の数々が詰め込まれていた雑誌に、少女たちは胸をときめかせました。

今日、「少女雑誌」と呼ばれているのは主に少女マンガ雑誌です。しかし本書でご紹介する「少女雑誌」は、戦後復興期に次々復刊・創刊され、昭和四〇年に入る前には姿を消していった月刊*少女雑誌です。月に一度だけしか届かない。だからこそ待ち遠しく、手にとるまでがもどかしい月刊少女雑誌の数々。

当時、雑誌誌面を彩っていたのはマンガだけではありませんでした。昭和二〇年代、少女マンガはまだ揺籃（ようらん）期にあり、少女雑誌の誌面を占領していたのは、美しいさし絵が添えられた少女小説や絵物語、少女スターたちのグラビアでした。

読者たちは、小説や絵物語に登場するバレリーナや少女スターを夢見るヒロインに自分の姿を重ね合わせ、彼らとともに喜び、悲しみ、そこに夢や希望を見出していました。そして少女スターのグラビアを眺めては、憧れの世界へ想像の翼を羽ばたかせました。また人気のさし絵画家が手がけたレターセットや壁掛け、少女スターたちのブロマイド・歌曲集などの付録は、物のない当時にあって読者たちの何よりの宝物となりました。

昭和二八年（一九五三）、手塚治虫の「リボンの騎士」の連載が始まって、ストーリーマンガが徐々に少女雑誌に定着し始めると、新人マンガ家たちによる少女マンガが、小説や絵物語に代わって掲載されるようになっていきました。三〇年代に描かれたマンガは、絵物語や小説と同じような少女ドラマやロマンティックなお姫さまの物語が中心でしたが、より美しくきらびやかに、そしてスピーディーに展開されるマンガの世界に少女たちは陶酔しました。

昭和二〇〜三〇年代の日本はまだまだ貧しくて、お金も物もない時代でしたが、夢見る力があふれている時代でもありました。そして、戦時下に封印されていた女の子らしいもの、可憐なもの、華やかなものが一挙に花開いた時代でもありました。

本書では、そんな時代に生まれた少女雑誌が語りかけてくれる、少女たちの夢や憧れの世界をご紹介したいと思います。みなさんの心の襞にしまい込まれた少女時代の思い出をよみがえらせることができれば幸いです。

＊『なかよし』（講談社）、『りぼん』（集英社）は現在も刊行中。

SUNSHINE

乙女のロマンス手帖

目次

はじめに …… 2

1 みんなリボンをつけていた …… 10
〜雑誌の表紙・口絵・さし絵に見る昭和20〜30年代の少女像〜

2 幸せを夢見る少女たちのドラマ …… 18
「ここに幸あり」 …… 20
母恋し――母と娘の感動のドラマ …… 28

column 絵物語を手がけたさし絵画家――勝山ひろし …… 36

3 憧れのヒロイン …… 38
お姫さま――一度は着てみたい振袖やドレス …… 40
バレリーナ――真っ白なチュチュに憧れて …… 46
少女スター――晴れの舞台を夢見て …… 52
少女探偵――謎ときは私に任せて …… 58

4 ほしいものは付録にあった …… 64
[付録コレクション] ファンシーグッズ …… 68
[付録コレクション] 手芸用品 …… 74
[付録コレクション] おしゃれバッグ …… 78
[付録コレクション] 少女スターアイテム …… 80
[付録コレクション] バレエグッズ …… 84
[付録コレクション] 文房具 …… 86
[付録コレクション] レターセット …… 90
[付録コレクション] クリスマスグッズ …… 92

column 付録の予告 …… 94

5 憧れの少女スター …… 96

6 おしゃれページの魅力 …… 104

7 少女たちを魅了した雑誌の数々 …… 112

少女雑誌関連年譜【昭和20〜38年】 …… 120

「雪の音」藤井千秋／画
『少女の友』昭和29年2月号

ハイキングやさんぽにいくときは、このようなぼうしや洋服がいいですね。
ぼうしをかぶった鰐淵晴子さん
春の洋服をつくるまえにこのページをさんこうにしてつくるとステキですよ。
かわいい通学服です。

少女たちにとって、雑誌はお友だちとのおしゃべりに欠かせない必須アイテムでした。各雑誌に掲載された今トップの少女スターは誰か、人気のマンガは？　そして流行のファッションは？　等々。もちろん、自分とは違う雑誌を持っている子と交換して読んだりすることも楽しみでした。

「春のスタイル」勝山ひろし／画　『少女』昭和31年4月号

美しいひみつ
松本昌美 絵
牧原しげる 文
（1）
おとうさんのなくなった美穂の一家は、とても、くらしがくるしくなったので、このごろ、おかあさんは、ふうとう書きの内職をはじめた。
（2）
一日のしごとがおわると、夜おそくまで、つくえにむかいっきりだ。めっきりとふえたしらが、そして、やせたせなかをまるくしてペンをはしらせているおかあさんのすがたを見ると、美穂のちいさいむねはいたんだ。
（3）
からだをこわしたら、たいへんよ。わたしにもてつだわせて
と、いっても、
こどもは、
美穂は、もっと
おかあさんを安心させておくれ
と、きいてくれな
（4）
ねどこにはいっても、美穂は、おかあさんのことがしんぱいで、ねつかれなかった。やがて、時計が一時をうつと、おかあさんは、やっと、内職をやめてねた。すると、それをまっていたように、美穂は、むっくりおきあがった。
（5）
そして、おかあさんのつくえにむかうと、書きのこしのふうとうに、おかあさんの字をまねて書きはじめた。ねているおかあさんに気づかれないように、ペンの音にもびくびくしながら

昭和20年代後半から30年代前半にかけて人気を博した〈絵物語〉は、お花や小鳥たちを背景にちりばめた色彩豊かな誌面に加え、登場するヒロインの美しさ、愛らしさが魅力でした。

「美しいひみつ」松本昌美／画　牧原しげる／文　『少女』昭和31年4月号

1 みんなリボンをつけていた

～雑誌の表紙・口絵・さし絵に見る昭和20～30年代の少女像～

赤やピンクのリボン

昭和二〇年（一九四五）八月、一五年戦争といわれる長い戦争は終わりを告げました。この頃出版されていた少女雑誌は、講談社の『少女倶楽部』と実業之日本社の『少女の友』の二誌で、ともに、ザラ紙でつくられた三〇～四〇ページほどの雑誌でした。翌二一年、宝文館の『令女界』と『若草』が復刊し、二二年にはひまわり社の『ひまわり』が創刊されました。そして、二四年から二六年にかけて光文社の『少女』、小学館の『女学生の友』、偕成社の『少女サロン』、集英社の『少女ブック』と、少女雑誌の創刊ラッシュが続きました。

この頃の少女雑誌を見ていて目につくのは、なんといっても少女たちの頭に結ばれたリボンです。赤やピンクのいわゆる女の子色で、無地もあればチェック、ストライプ、水玉とさまざまな模様もある、愛らしいリボンが必ず少女たちの髪を飾っていました。

夢二・淳一が描くリボンの少女

戦前の少女雑誌に登場する少女たちも、やはりリボンをつけていました。しかし、戦後の少女雑誌が、小学校低学年から中学生を対象にしていたのに対し、戦前に発行された少女雑誌は、読者の対象を小学校高学年以上の少女たちとしていたためか、やや大人びた少女を描くことが多く、リボンの描き方も控えめだったように思います。ただ、そのなかで、抒情画家として一世（いっせい）を風靡（ふうび）した竹久夢二（たけひさゆめじ）と中原淳一（なかはらじゅんいち）の二人は、時に可憐に、時に華やかに大小さまざまなリボンで少女たちを彩っていました。

抒情画の祖といわれる竹久夢二は、明治三九年（一九〇六）に『女学世界』を手がけたのをはじめとして、『少女の友』『少女世界』『少女画報』といった少女雑誌に可憐な少女画を掲載しています。夢二は、少女画の中でもとくに女学生と

表紙原画 松本昌美／画
『少女の友』昭和29年10月号

童女を描くとき大きなリボンをつけて描きました。

ところで、明治初頭、「マガレイト」と呼ばれる西洋式のお下げ髪にリボンをつける髪型が生まれ、それは、明治中期より女学生の間で大流行し始めました。その後、明治四〇年にはリボンの一年の消費高が二〇〇〜二五〇万円に達したという記録もあったように、リボンは女学生の流行を源に人々の間に広まっていきました。さらに明治末期の女学生の間には幅広のリボンが大流行したそうです。

夢二は、当時ハイカラの象徴的存在であった女学生の風俗を目にし、近代化の息吹を伝えるようにリボンの女学生を少女雑誌に掲載しました。同時に夢二は、少女よりもやや年少の童女を描く際にもリボンを描いています。それは、童女の愛らしさを強調するかのようにひときわ大きく描かれていました。

一方、中原淳一は昭和七年、実業之日本社発行の『少女の友』のさし絵画家としてデビューしました。口絵、表紙絵のほか、吉屋信子や、文豪・川端康成の少女小説に、夢見るような大きな瞳とほっそりとしなやかな姿態の少女のさし絵を描いて人気を博しました。

昭和一二年（一九三七）、日中戦争が始まり軍靴の響きが身近に聞こえてきた頃、少女雑誌にも軍の厳しい検閲が入り始めました。華美に描かれた少女画は、厳しいお咎めを受けたであろうこの時期に、『少女の友』では、「そんな時代だからこそ美しいものを」と淳一のリボンをつけた少女画を掲載しつづけました。しかし、昭

「秋の日」
辰巳まさ江／画
『少女サロン』
昭和20年代

「バイオリン」
辰巳まさ江／画
『少女サロン』昭和20年代

和一五年六月、遂に軍の圧力により、淳一の少女画は『少女の友』から消えてなくなりました。
　しかし淳一は、終戦後自らひまわり社を起こし、美しく賢くやさしくて、物を考えることのできる女性になるための少女雑誌『ひまわり』を創刊しました。そこにはやはり、リボンをつけてやさしく微笑む少女たちの姿が描かれていました。

「きれいになりたい」——少女たちの願望を映して

　終戦直後の日本は、あまりにも貧しくて大人も子どもも生きていくことに精一杯でした。
　やがて時がたち、多くの少女雑誌が次々復刊・創刊し始めたとき、書店店頭に並ぶ少女雑誌は、どの雑誌も華やかなリボンをつけた少女の表紙絵で彩られていました。
　それは戦時下において女の子らしく装うことを封印されていた少女たちの瞳をくぎづけにしました。まだまだ貧しい時代にあって、女の子らしさを取り戻すために最も身近で手軽にできるおしゃれ。そのリボンをつけた表紙の少女たちは、当時の少女たちの瞳にどんなに魅力的に映ったでしょうか。戦後華やかな誌面作りで多くの読者を獲得した光文社の『少女』は、こうした少女の憧れを察知し、さっそく付録にリボンをつけて大評判を呼んだそうです。また当時人気を博していたさし絵画家の松本昌美、佐藤漾子(なみこ)、辰巳まさ江、勝山ひろしらは、こぞって口絵やさし絵にカラフルなリボンをつけた少女たちを登場させました。
　ところで昭和二三年頃には、一〇歳未満の少女たちにパーマをかけさせることが流行しました。その流行は都会だけではなく、地方にまで及んだそうです。もちろん、まだまだ物資の乏しい時代ですから、裕福な家庭の少女たちに限られていたのでしょうが、なるほど少女雑誌の表紙絵を見てみると、内巻(うちまき)あり、外巻あり、縦ロールありとさまざまにカールした髪型の少女たちがにっこり微笑んでいます。とくに当時少女たちの憧れを一身に集めていた少女スターたちは、みな一様に愛らしくカールした髪の毛にリボンをつけていました。
　昭和二〇年代から三〇年代初頭にかけて、このリボンやカールした髪の毛は、少女たちの夢や憧れの象徴のように見えました。
少女雑誌は、時を経て変わっていくその時代時代の少女の姿を教えてくれますが、同時に少女たちのきれいなものへの憧れ、きれいになりたいという願望が変わらないことも教えてくれているようです。

二葉のクローバー
やわらかなみどりの風にさそわれて
花つみに出た春の野辺
まずしいけど　けなげな星代……
そして　花のようにあでやかなジュリ
ふたりのたどる道や　いずこ
辰巳まさ江画

「二葉のクローバー」辰巳まさ江／画　『少女』昭和24年2月号

辰巳まさ江（たつみ・まさえ）
大正2年（1913）、東京生まれ。さし絵画家・富永謙太郎に師事。日本美術学校中退。昭和14年（1939）頃より『少女倶楽部』のさし絵を手がける。終戦後、ポプラ社、偕成社の単行本カバー絵やさし絵、『少女クラブ』『少女サロン』や『少女の友』などの口絵・さし絵を手がける。初期のさし絵には、中原淳一の影響が見られる。やわらかい線で描かれた清楚な少女画には豊かな抒情性があり、人気を博した。昭和54年（1979）6月10日永眠。享年66歳。

「私のお人形」佐藤漾子／画
『少女サロン』昭和20年代

「お正月」佐藤漾子／画　『少女サロン』昭和20年代

「小鳥の声」
佐藤漾子／画
『少女サロン』
昭和20年代

佐藤漾子（さとう・なみこ）
大正5年（1916）、福岡県生まれ。本名・渼子。福岡高等女学校卒業。昭和10年頃より『少女画報』の、15年頃には『少女倶楽部』の口絵、さし絵を手がけ人気を得た。戦後は、『少女の友』『少女クラブ』『少女』『少女サロン』『少女世界』『女学生の友』『なかよし』『少女フレンド』等の少女雑誌で活躍。カールがかったやわらかい髪と、少し下がり気味の目元が愛らしい少女画を描き、読者の好評を博した。

「バレリーナ」佐藤漾子／画　『少女サロン』昭和20年代

「お正月」松本昌美／画　『少女の友』昭和20年代口絵

表紙原画　松本昌美／画
『少女の友』昭和29年8月号

表紙原画　松本昌美／画
『少女の友』昭和24年11月号

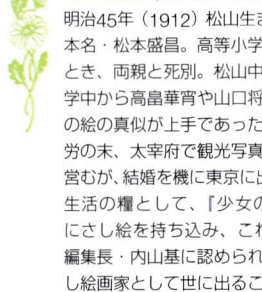

松本昌美（まつもと・まさみ）
明治45年（1912）松山生まれ。本名・松本盛昌。高等小学校のとき、両親と死別。松山中学在学中から高畠華宵や山口将吉郎の絵の真似が上手であった。苦労の末、太宰府で観光写真屋を営むが、結婚を機に東京に出る。生活の糧として、『少女の友』にさし絵を持ち込み、これが、編集長・内山基に認められ、さし絵画家として世に出ることとなった。戦時中は兵役につくが終戦後は、『少女の友』の表紙絵のほか、口絵、さし絵も手がける人気画家となった。『少女の友』以外にも『少女』『少女クラブ』『なかよし』『りぼん』『少女サロン』などの仕事も手がけ、昭和20年から30年にかけて、少女雑誌界を風靡した。戦前の松本の作風は、中原淳一の影響が色濃く出ているが、戦後の作品では、写実的技巧をこらした少女画へと変化し、戦後の童謡歌手や子役スターブームの影響もあって、彼女たちをイメージして描いた表紙絵、口絵が読者の人気をさらった。昭和42年（1967）年2月26日永眠。享年55歳。

表紙原画　松本昌美／画　『少女の友』昭和29年4月号

連載
純情絵物語
美しき涙
北條誠・文
勝山ひろし・え
やはり、血のつながりなのでしょうか……ユカリは、早苗を追って信州へいくのですが……

「美しき涙」
勝山ひろし／画　北条誠／文
『少女ブック』昭和31年2月号

2
幸せを夢見る少女たちのドラマ

清く美しい主人公

終戦直後、細々と発行していた少女雑誌は戦前の雑誌を踏襲し、名作物語や友情物語・抒情詩画集といった作品を中心に掲載していました。しかし新しい少女雑誌が次々創刊され始めた昭和二四年（一九四九）頃には、より少女たちの心をとらえられる内容が模索され、やがてバラエティーに富んだ小説を掲載するようになりました。

その作家には、円地文子、川端康成、菊池寛、菊田一夫、小糸のぶ、西条八十、柴田錬三郎、島田一夫、檀一雄、堤千代、二反長半、北条誠、三谷晴美（現・瀬戸内寂聴）などそうそうたるメンバーがそろっていました。

彼らの小説は、時代小説、冒険小説、探偵小説、怪奇小説、明朗ユーモア小説、純情小説など多岐にわたっていましたが、なかでも両親（または片親）や姉妹との生き別れや死、

「三つの花」
勝山ひろし／画
吉屋信子／作
『少女クラブ』
昭和29年11月号付録

「なつかしの花園」
勝山ひろし／画　大林清／文
『少女ブック』昭和30年12月号

父親の失業や会社の倒産等々の逆境や、思わぬアクシデントに見舞われながらも幸せを求めて健気（けなげ）に頑張る清く美しい主人公の姿をメロドラマ風に描いた作品が、高い人気を得て、数多く発表されました。

このメロドラマ的少女小説は、戦前にも多数書かれていましたが、昭和二〇年代中頃から三〇年代前半は、いっそう顕著な傾向となっていきました。そこには、まだ敗戦の影を引きずっていた日本の社会背景が影響しているといえるでしょう。

涙を誘う少女メロドラマ

昭和二〇年代の日本はまだ貧しく、戦争孤児や引き揚げ孤児、家出浮浪児なども多く、生活難にあえぐ家庭もたくさんありました。こうした現実を背景に、メロドラマ的少女小説は生み出されました。そしてどの少女雑誌にも必ず掲載され、読者の熱い支持を得ていました。

いかにも読者の涙を誘うように過剰に脚色されたこれらの少女ドラマを、読者たちはすべて現実のものととらえていたわけではなかったようですが、それでもまったくのフィクションでもなく、自分や友人たちの境遇に重ね合わせて、主人公とともに喜び、悲しみ、必ずハッピーエンドで締めくくられるであろう最終回を夢見て、作品世界に陶酔していました。

これらの小説には、主人公のかわいらしさ、健気さを強調するべく、瞳の大きい丸顔の可憐な少女画がさし絵として添えられていました。戦前の少女小説にも、竹久夢二や高畠華宵（たかばたけかしょう）、蕗谷虹児（ふきやこうじ）らによる美しくはかなげな少女のさし絵が添えられていましたが、彼らのさし絵に比べ、戦後のそれは、やや幼げな少女が写実的に描かれていて、色彩的にも赤や黄色、青といった原色が多用され、少女の服装もフリルやリボンのついた少女趣味を強調したものでした。こうしたさし絵は物資が乏しかった当時、さぞ少女たちの目をひきつけたことと思います。

同時に昭和三〇年代に入ってようやく少女雑誌に定着し始めたマンガも、この少女メロドラマ小説を元にした作品が数多く描かれました。小説のもつ読み物としての面白さとさし絵の美しさをあわせもち、スピーディーに展開していくマンガは、たちまち読者たちの支持を得て、少女雑誌を席巻していくようになりました。

「ここに幸あり」

やさしい母との別れとすれちがい。少女スターへの夢。そしてたび重なる不幸。少女の運命の変転が描かれたこのドラマには、当時の少女小説に描かれるあらゆる要素が詰め込まれていました。

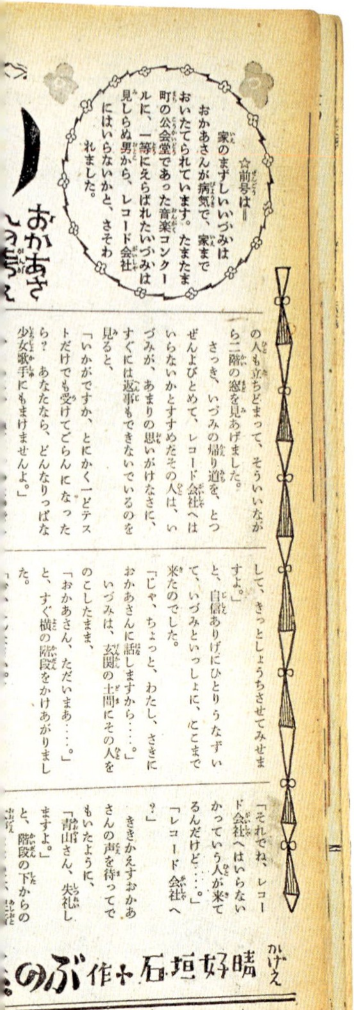

☆前号は＝
家のまずしいいづみはおかあさんが病気で、家までおいたてられています。たまたま町の公会堂であった音楽コンクールに、一等にえらばれたいづみは見しらぬ男から、レコード会社にはいらないかと、さそわれました。

おかあさ

の人も立ちどまって、そういいながら二階の窓を見あげました。
さっき、いづみの帰り道を、とつぜんよびとめて、レコード会社へはいらないかとすすめたその人は、いづみが、あまりの思いがけなさに、すぐには返事もできないでいるのを見ると、
「いかがですか、とにかく一どテストだけでも受けてごらんになったら？　あなたなら、どんなりっぱな少女歌手にもまけませんよ。」

して、きっとしょうちさせてみせますよ。」
と、自信ありげにひとりうなずいて、いづみといっしょに、ここまで来たのでした。
「じゃ、ちょっと、わたし、さきにおかあさんに話しますから……。」
いづみは、玄関の土間にその人をのこしたまま、
「おかあさん、ただいまあ……。」
と、すぐ横の階段をかけあがりました。

「それでね、レコード会社へはいらないかっていう人が来てるんだけど……。」
「レコード会社へ？」
ききかえすおかあさんの声を待ってでもいたように、
「青山さん、失礼しますよ。」
と、階段の下からの

のぶ作＋石垣好晴かけえ

あらすじ

青山いづみは、沼津に住む歌の上手な女の子。お父さんを亡くしているが、お母さんとともに幸せに暮らしていた。しかし働きすぎたお母さんが病に倒れ、お家賃も払えなくなって大家さんから家を出て行くよう言われてしまう。そんなある日、いづみは町の音楽コンクールで一等となり、東京のレコード会社へ入らないかと誘われる。お母さんは反対だったが、何とかお金を稼ぎたいいづみはレコード会社の社員・太田敏夫とともに上京してしまう。

しかし、太田の本当の姿は、子どもをだまして売り飛ばす悪人であった。危ういところを吉岡という少年に助けられたいづみは沼津の家に急いで帰るが、お母さんはいづみの後を追って東京に発った後であった。

お母さんを探しに再び東京に戻ったいづみは、途中、悪い女の人にだまされかけるが親切な紳士に救われ、その娘・恵子と仲良しになる。しかし、東京に着いてもお母さんとはすれ違いになって逢うことができなかった。途方にくれているところを、やさしい高木夫妻に助けられ、働きながらおかあさんを探せるよう、また学校へもいけるよう計らってもらう。

ところが、それまで面倒を見てくださった高木夫人が亡くなってしまったため、いづみは、PTA会長をしている小笠原さんの家に預けられることとなっ

「ここに幸あり」
小糸のぶ／作
松本昌美／画
『少女』
昭和29年4月号～
30年10月号連載

た。そこは、同級生の豊子の家であった。豊子は自分よりも成績の良いいづみに嫉妬し、何かにつけて意地悪をするのであった。

つづき小説
ここに幸あ
いづみは、不幸になるために、
生まれてきたのでしょうか？
階ですね。」
いづみが家の
まえで足をとめ
ると、いづみに
ついてきた太田
敏夫と名のるそ
いづみがようやくそれだけいうと
その人は家の事情など、いろいろき
いてから、
「なあに、だいじょうぶ！　おかあ
さんには、ぼくから
よくお話
「ええ、一等になったのよ！」
「まあ、一等！……」
大きく目を見はったおかあさんの
顔が、うれしそうな笑いにくずれま
した。
「よかったわねえ
……。」
ましで、まことに失
礼ですが……わたし
は、さきほどいづみ
さんにも申しあげた
こういうものです。」
と、さっきと同じ名
刺をおかあさんのま
えにさしだすと、
松本昌美　絵
(93)

豊子の家でお手伝いとして働くいづみはある日、自分をだました太田が今度は豊子もだまそうとしているのを知り、彼が危険な男であることを豊子に忠告する。しかし、心配するいづみの心を意地の悪い豊子は理解しなかった。

ここに幸あり

1
ある日、豊子から時計を修理に出すよう言づかったいづみは、お使いの途中で時計をなくしてしまう。腹を立てた豊子は、いづみを泥棒呼ばわりし、家を出て行けと命令する。責任を感じたいづみは、自分の不注意を詫びるとともにくれぐれも太田を信じないよう、心からの忠告の手紙を書き残して家を出たのであった。その夜、豊子の時計はおまわりさんによって家に届けられた。豊子は自分の過ちにようやく気がついた。

2
豊子といづみは仲良しになり、ようやく幸せな日々が訪れようとしていた。そんなある日、豊子のお父さんの会社が火事になり、一転して豊子一家は貧乏になる。いづみと豊子は怪我で働けないお父さんのために、街頭で靴磨きを始めるが、町のチンピラに脅されてしまう。とそこへ、いづみたちの担任の市川先生が偶然通りかかった。

4
ある日いづみは、以前危ないところを救ってくれた吉岡博史少年に偶然再会する。博史は、レコード会社の専属歌手になっており、歌の上手ないづみにレコード会社のテストを受けるよう勧める。テストの日、いづみはあの沼津の音楽コンクールで歌ったときのことを思い出す。あのときは、おかあさんが家で、自分の帰りを待っていてくださったのに……。

STATION
3
二人を救った市川先生は、二人から詳しい事情を聞くと新しい仕事先として知り合いの花屋さんを紹介してくれた。やがていづみたちのかわいい花売り姿は評判となり、お花はどんどん売れるようになった。
M. MATSU

5

レコード会社の歌のテストが終わって帰ろうとしたいづみは、後ろの方からふいに呼び止められる。なにげなく振り向いたいづみは、目の前にたっている男を見るなり、顔色を変えて逃げ出そうとした。その男は、いづみをだまし沼津から東京へ連れ出した太田敏夫であった。

6

「すまないことをした。お詫びにお母さんに会わせてあげる」という太田の言葉にとまどういづみ。しかし「お母さんは今病気で寝込んでいる」と言われ、病気で寝ているお母さんの姿を思い浮かべたいづみは、いてもたってもいられず太田とともにタクシーに乗り込んでしまう。

7 いづみと太田が乗ったタクシーは事故に遭ってしまう。大怪我をした太田は入院をするが、軽症だったいづみは母の居所を知りたいがため懸命に太田の看病をする。その姿を見た太田は、これまでの話がうそであったことを告白する。いづみは、怪我で苦しむ太田を許し、心をこめて看病するのであった。

8 いづみを助けてくれた親切な恵子のお父さんは、博史の伯父であった。その伯父さんが仕事でアメリカへ旅立つことになった。お見送りの帰り、いづみは博史から思いがけない話を聞く。箱根の病院に入院している恵子の母が、いづみの名前を聞くなり顔色を変えてぜひ会いたいと言っているというのだ。

9 恵子の家には、恵子の母の写真が置いてあった。写真の中で恵子の母は、いづみにやさしく微笑みかけているようであった。いづみは、母の不在で悲しむ恵子をやさしくはげました。次の日曜日、いづみは入院中の恵子の母に会いに行く。恵子の母は、以前いづみの母の近所に住んで親しく交流していたが、空襲にあって離れ離れになってしまった、と語る。

10

恵子の母は、いづみの赤ちゃん時代の話になると、なぜか涙を浮かべていた。病院の帰り道、いづみは沼津でお世話になった音楽の三輪先生に偶然出会った。先生は、最近いづみの母に会った人がいるという話をする。思いがけない母の近況に驚くいづみ。先生はもう一度詳しい話を聞いて手紙を出すと、約束してくれた。

11

数日後、恵子の母が危篤状態になる。駆けつけたいづみに恵子の母は自分が本当の母親だと告白する。激しく動揺するいづみの元へ、おかあさんは高円寺にいるらしいとの三輪先生からの手紙が届く。ついにお母さんに会える。いづみは一人でお母さんがいるという高円寺を訪れる。

12

いづみはやっとお母さんに会えた。久しぶりに二人一緒の時を過ごすが、恵子の母がいづみの本当の母親であるという話は、真実であった。お母さんは、いづみの幸せのために裕福な恵子の家に行くことを勧めるが、いづみは貧しくともお母さんと一緒の生活を望むのであった。

13

いづみは、本当の母が恵子の母でも、自分を育ててくれたお母さんと一緒に暮らせることを望んだ。いづみを姉のように慕う恵子はさみしがったが、いづみの心は変わらなかった。ずいぶんつらいこともあったが、やっとお母さんと一緒に暮らせる幸せを、いづみはかみしめるのであった。

母恋し――母と娘の感動のドラマ

「おかあさま ゆかりは強く生きます」

前節で述べた少女メロドラマ作品のなかで、とくに人気が高かったのが、「母娘もの」と呼ばれる作品でした。

「おかあさま ゆかりは強く生きます。いつの日か わたしのむねにしあわせの花が におうまで……」こんな扉書で始まる「母娘もの」は、主人公の「幸せ」の象徴を「母親」に設定し、読者の涙を誘う波乱万丈の展開が人気を呼んで、

「十字架の星」勝山ひろし／画　高樹純之／作　『少女』昭和32年7月号

物語編

「エルザの歌」岸田はるみ／画　立原えりか／文　『なかよし』昭和37年11月号

小説のみならずマンガにおいても主要なテーマとなりました。

ストーリーは、戦後の貧しさゆえに親戚や友人の許へ養子に出された少女が生みの親を探す物語や、女優（やバレリーナ、歌手など）の道を選び有名になってしまったがために親子の名乗りができない母と娘のすれちがい、または亡き母を慕う娘と継母との葛藤などさまざまですが、たび重なる試練を乗り越え、最後には本当の母にめぐりあえる、または継母と心が通じ合うようになるというハッピーエンドで結ばれていました。

これらの物語の主人公は、必ずやさしく心清らかな美少女でした。そして小説に添えられるさし絵も、少女の美しさや悲しみの表情を強調するように顔のアップが多く描かれていました。多くの読者は、母を慕う美しい主人公の健気さと、子を思う母の苦悩に涙しました。

各誌を華やかに彩った「母娘もの」

なぜ、こうした「母娘もの」が人気を得たのでしょうか。戦後の荒廃した世の中で、無償の愛を与えてくれる「母」の存在が求められていたということもあったでしょう。また、つねにハッピーエンドが予想できるためどこか安心して読み進められること、たび重なる試練も大団

「母の絵すがた」山本サダ／画
大庭さち子／作　『少女クラブ』昭和28年1月号

「白鳥のゆくえ」糸井俊二／画
菊田一夫／作
『少女ブック』昭和30年12月号

円を盛り上げるためのプロセスとして必要なことを読者はわかっていたのでしょう。そして何より人気のさし絵画家やマンガ家が描く主人公の絵姿の愛らしさが固定ファンをつくっていたのでしょう。雑誌編集部には主人公の似顔絵が頻繁に送られていました。

ところで、昭和二〇年代後半から三〇年代前半にかけて、「絵物語」と称する小説とマンガの中間にあたるような表現形態の作品が少年少女雑誌にブームを呼びました。絵物語の特徴は、さし絵部分が占める誌面の割合を、文章と同じかあるいは文章よりも大きくとっている点で、マンガが雑誌を席巻する昭和三〇年代後半までは、読者の高い人気を得ていました。

少女雑誌における絵物語は、映画の絵看板を連想させる原色を多用した華やかな彩色と大胆なレイアウト、花や小鳥等で飾られた背景などが特徴で、少女雑誌ならではのムードと美しさを持っていました。折りしも、絵物語人気の絶頂期には、母娘ものが人気を極めていたため、絵物語による母娘ものが各雑誌の巻頭を華やかに彩りました。

「母の肖像」糸井俊二／画　北条秀司／原作　『少女ブック』昭和30年7月号付録

「白馬の少女」わたなべまさこ
『少女ブック』昭和35年4月号

「少女三人」
牧美也子／構成
西谷康二／原作
『少女』昭和33年10月号

「一番星のおかあさん」
中沢しげお　『少女クラブ』
昭和32年正月増刊号

「少女たち」牧美也子
西谷康二／原作
『少女』昭和37年2月号

「しあわせの星」赤松セツ子　『なかよし』昭和37年11月号

「さよならママ！」
横山光輝
『少女ブック』昭和38年1月号

つづきまんが
ペスよおをふれ
山田えいじ
ペスがただしかったことをしったおかあさんは、いそいでペスのあとをおいかけたが……。

「ペスよおをふれ」　山田えいじ（『なかよし』昭和32年8月号より連載開始）
捨て犬ペスは、やさしい少女・ユリに拾われ幸せな日々を過ごす。しかし、その幸せも長くは続かなかった。たび重なる不幸に耐えるユリとペスの物語は大人気となり、34年にはラジオドラマ化され、ペスの歌もつくられてラジオ東京などで放送、評判を呼んだ。なお、連載3回目以降は本誌から独立し別冊付録に連載されたが、その巻末には「ペスの新聞」や「ペスのクイズ」のほか読者から届いたユリちゃんのスタイル画などが掲載されており、人気のほどがうかがえる。

「ペスよおをふれ」
山田えいじ
『なかよし』昭和32年9月号

「ペスよおをふれ」山田えいじ
『なかよし』昭和34年8月号付録

「ペスの歌がくふ」
（表紙写真／松島トモ子）
『なかよし』
昭和34年3月号付録

リラの花かげに
——すばらしい人気の少女小説——

「リラの花かげに」
勝山ひろし／画
小糸のぶ／作
『少女クラブ』
昭和31年2月号

column

絵物語を手がけたさし絵画家——勝山ひろし

昭和二〇年代末から昭和三〇年代初頭にかけて、少女雑誌を席巻していった絵物語ですが、この絵物語を手がけた画家の中で最も人気を博したのが、勝山ひろしでした。昭和二五年頃より小学館の『女学生の友』にさし絵、口絵を描いて人気を集めた勝山は、昭和三〇年には『少女』『少女クラブ』『少女の友』『少女ブック』『少女サロン』『りぼん』『なかよし』などあらゆる少女雑誌から依頼を受けて、多数の絵物語を手がけるようになっていました。

勝山が描くマスコット的美少女画は、二重まぶたのくっきり大きな瞳、ふっくらとしたばら色の頬、花びらのように愛らしい唇に特徴がありました。またさりげなく胸の前で指を組んだり、ピンと反らした指を頬に添えるポーズが独特でした。そして何より、凝ったデザインの襟元や胸元につけられた白いフリル、少し首をかしげた少女の頭につけられた

「星にいのる」
勝山ひろし／画
西本妙子／作
『なかよし』
昭和30年7月号

『少女クラブ』
昭和31年7月号
付録

リボンが、読者の乙女心を刺激しました。
当時読者は絵物語に、清く、はかなく、愛らしい主人公を求めていました。この読者の要求を最も満たしたのが、勝山ひろしの描く絵物語でした。

勝山ひろし（かつやま・ひろし）
大正11年（1921）、京都市生まれ。京都市立美術工芸学校・絵画科卒業。終戦後、京都の出版社で絵本のさし絵を手がけていたが、小学館に送ったさし絵が評価され、『女学生の友』を皮切りにあらゆる少女雑誌のさし絵・口絵を手がけるようになる。昭和30年前後は勝山ひろしの名前が掲載されない少女雑誌はないほどの人気ぶりであった。昭和30年代後半〜50年代には雑誌のみならず、「講談社の絵本」やますみ書房の絵本等の仕事も手がけている。

3 憧れのヒロイン

明るく楽しい未来

終戦後、衣食住にも事欠く殺伐(さつばつ)とした生活の中で少女たちが求めたのは、戦時下に封印されていた女の子らしいもの、かわいいもの、華やかなもの、楽しいものでした。そして彼女たちは、少女雑誌の小説や絵物語・マンガの中に女の子らしくかわいらしく華やかで楽しい世界、時には悲しいけれど、最後には明るく幸せな未来が待っている世界を発見しました。

当時の少女たちは、松島トモ子・小鳩くるみといった少女スターに憧れ、可憐なチュチュを着て踊るバレリーナを夢見ました。少女雑誌では、まだ敗戦の影を引きずる当時の世相を反映して、少女たちの夢や憧れの対象である少女スターやバレリーナをヒロインにした悲しい小説や絵物語、マンガを多数掲載し、人気を博しました。

ヒロインに同化して

この物語世界のヒロインは、もちろん読者と同世代です。少女たちはこのヒロインに同化す

「プチ・ラ」
高橋真琴
橋田寿賀子／原作
『少女』昭和36年
11月号

ることで、ヒロインとともに悲しい運命に涙し、試練に耐えながら、やがて華やかな舞台に立って歌を歌い、真っ白なチュチュをつけた美しいバレリーナになって白鳥のごとく軽やかに踊りました。

少女たちの憧れの対象となる華やかなお姫さまの物語もつねに人気を博しました。読者は物語の中に、美しい振袖を来た姫君やふんわりとしたドレスをまとう異国のお姫さまになった自分を思い描きました。

また探偵小説・冒険小説にも人気が集まりました。少女たちは、美しく可憐なヒロインを夢見る一方で自分では体験できないような冒険を味わったり、探偵になって大人にも解けない怪事件を解決する活発なヒロインにも魅力を感じていました。

「プリンセス・アン」高橋真琴
橋田寿賀子／原作
『少女』昭和35年
12月号

ではここで、昭和二〇〜三〇年代の少女たちが憧れ夢見たヒロインたちをご紹介しましょう。

お姫さま——一度は着てみたい振袖やドレス

あんみつ姫登場

昭和二四年（一九四九）五月、創刊まもない『少女』に奇妙な名前のマンガが掲載されました。倉金章介の「あんみつ姫」です。

まだ物資の乏しい当時、「子どもたちがほしいものは何か」「それは食べるものと着るものだ」——雑誌編集者のそんな問いかけから、少女が大好きな甘い食べ物・あんみつと憧れの着物・振袖がふんだんに出てくる楽しいマンガ「あんみつ姫」が誕生しました。

ちょっとおっちょこちょいでおセンチでお転婆なあんみつ姫はたちまち読者の共感を呼び、大ヒットとなりました。また、華やかな振袖姿のお姫さまという点も少女たちの人気に拍車をかけたようです。この「あんみつ姫」のヒットを受けて、少女雑誌では「○○姫」というタイトルのユーモアマンガが次々誕生しました。なお、この頃のお姫さまマンガに登場するのは、みな一様にお上品でおしとやかな姫君ではなく、お転婆だったり、そそっかしかったりと、読者の共感を呼ぶようなお姫さまばかりでした。

しかしもともと、少女たちにとって「お姫さま」は、夢と憧れの存在。戦後すぐの少女雑誌には童話や名作文芸のお姫さまものが多数掲載されました。少女たちは、宝石をちりばめた冠や見たこともない美しいドレス姿にため息をつき、瀟洒なお城での生活を夢見ました。

リボンの騎士誕生

そして昭和二八年（一九五三）、そんな少女たちの夢と憧れを満たすマンガ、手塚治虫の「リボンの騎士」が誕生しました。少女たちは、宝塚歌劇の男装の麗人的なリボンの騎士ことサファイア姫に憧れ、奇想天外な異国のストーリーに魅了されました。

また、東映映画による「笛吹童子」が昭和二九年に封切られて以来、時代劇映画が大ヒットしていました。この人気を受けて、少女雑誌にも時代小説、時代劇マンガが多数掲載されました。これら時代ものの主役は、少年剣士ではな

「あんみつ姫」倉金章介
『少女』昭和29年1月号

くもちろんお姫さまでした。

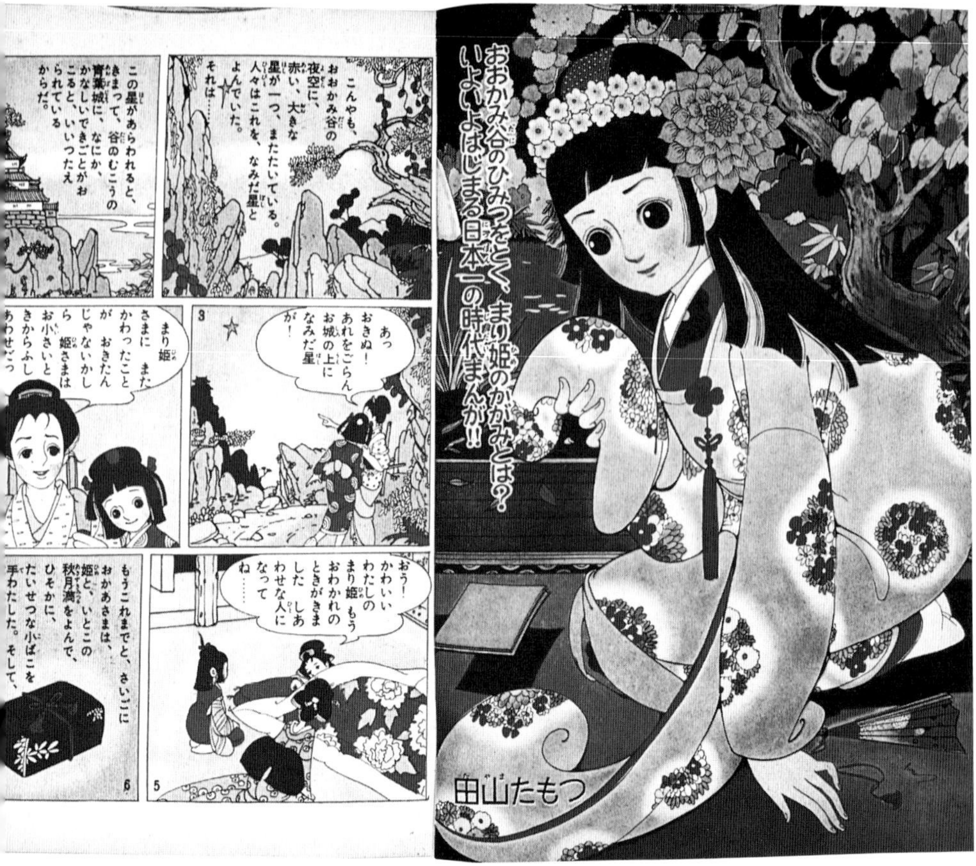

「まり姫かがみ」田山たもつ　『なかよし』昭和32年12月号

「おてんき姫君」大友朗
『少女クラブ』昭和30年12月号

「おてんば姫君」横木健二　『少女』昭和30年1月号

「ピノキオ姫」倉金章介
『少女クラブ』
昭和30年1月号

「やまびこの滝」東浦美津夫
『少女クラブ』昭和32年正月増刊号

「てるてる姫」早見利一
『少女ブック』昭和28年9月号

「星ひめさま」
石井きよみ／構成
八剣浩太郎／原作
『少女』昭和34年11月号

「黒姫さま」東浦美津夫／画
緑川圭子／原作
『少女クラブ』昭和37年11月号

「リボンの騎士」手塚治虫 『少女クラブ』昭和29年11月号

「わたしの初夢」藤井千秋／画
新川和江／詩　『少女クラブ』
昭和32年正月増刊号

「星のたてごと」水野英子
『少女クラブ』昭和35年6月号付録

「真珠の森のものがたり」
渡辺まさ子　『少女ブック』
昭和32年夏増刊号

バレリーナ――真っ白なチュチュに憧れて

あたり一面に、美しい香りがたちこめるような
森の精たちのバレエです!!
美しい森の精たち
青いお空の　かなたから
ああ！　きこえてくるよな　気がします
とても楽しい　音楽が
緑にしげる　木かげから
そよ風のように　美しい
森の女王が　ほほえめば
ほら！こずえもゆれます　歌います

空前のバレエブーム

日本でバレエがさかんになったのは、昭和二一年（一九四六）、上海帰りの小牧正英を迎えて東京バレエ団が「白鳥の湖」を上演してからといわれています。この公演は前例のない一か月のロングランという大成功を収め、バレエブームが起きました。

そんななかで昭和二五年三月、イギリスのバレエ映画「赤い靴」が封切られ大ヒットしました。『近代子ども史年表』（河出書房新社）によりますと、この映画の影響で赤い靴が大流行し、バレエ塾も乱立。この年九月の東京のバレエ教習所の数は約三〇。生徒は約六〇〇〇人とあります。こうしたバレエ教室で才能を見出された少女たちは、やがて少女雑誌のグラビアを飾るようになり、少女たちの憧れが募りました。

また、バレエ人気を反映して、当時一世を風靡していた松島トモ子や鰐淵晴子、近藤圭子、白鳥みずえら少女スターのバレリーナ姿のグラビアも頻繁に掲載されました。とくに松島トモ子は、幼い頃から舞踊家・石井獏についてバレエを習って

「マキの口笛」
牧美也子
『りぼん』
昭和37年
4月号

「美しい森の精たち」
（鰐淵晴子・明子他）
『少女ブック』昭和32年
夏の増刊号

「母の名よべば」
細川知栄子　春名誠一／原作
『少女クラブ』
昭和35年12月号

いたこともあり、彼女のバレリーナ姿はいっそう読者の人気を煽りました。

チュチュ、トウシューズへの憧れ

少女たちは、バレエ衣装のチュチュやトウシューズに乙女心を刺激され、バレリーナの優雅なポーズや華麗な舞いに目をみはり、プリマドンナに憧れました。こうしたバレエ人気は、小説はもとよりマンガにも影響を与えました。美しく繊細なバレリーナの存在は、少女が求めるヒロイン像にまさにぴったりだったといえるでしょう。バレリーナをめざす少女の物語が数多く誕生しました。

ただし、昭和三〇年代初頭までは、小説のさし絵やマンガに描かれたバレリーナの姿は、そのポーズにも動きにもぎこちなさがありました。美しく繊細に描くバレエマンガが生まれるようになったのは、高橋真琴が登場してからといえるかもしれません。真琴が描く繊細にして華やか、そしてディテールにこだわったバレエマンガは、その後のマンガ家たちに大きな影響を与えました。

「東京・パリ」高橋真琴　春名誠一／原作　『少女』昭和34年11月号

「プチ・ラ」高橋真琴　橋田寿賀子／原作　『少女』昭和36年1月号

高橋真琴（たかはし・まこと）

昭和9年(1934)、大阪生まれ。会社員を経て22歳で上京。貸本マンガを経て、昭和32年『少女』(光文社)にて雑誌デビュー。33年1月からバレエマンガ「あらしをこえて」を連載。その後も「東京・パリ」「プチ・ラ」「プリンセス・アン」などのバレエマンガを連載し、読者の熱狂的な支持を得た。吸い込まれそうな大きな瞳、細く長い手足、精緻な筆致で描かれた洋服や髪型、花々の美しさ、カラー連載された誌面のパステル調の美しさ、時々はさまれるバレリーナのポーズ画やスタイル画が、それまでのマンガにはない画面構成であったなど、真琴のマンガはすべてが画期的であった。その後も『なかよし』『別冊少女フレンド』『マーガレット』や学年誌などさまざまな雑誌の表紙、口絵、絵物語、童話を手がけた。昭和40年代以降はハンカチーフやエプロンのほか、鉛筆パッケージ、筆箱、スケッチブック、ノートといった文具類など数多くの商品にイラストを提供し、一世を風靡する。

「うつくしき白鳥」
高橋真琴／えと文
『りぼん』昭和37年4月号

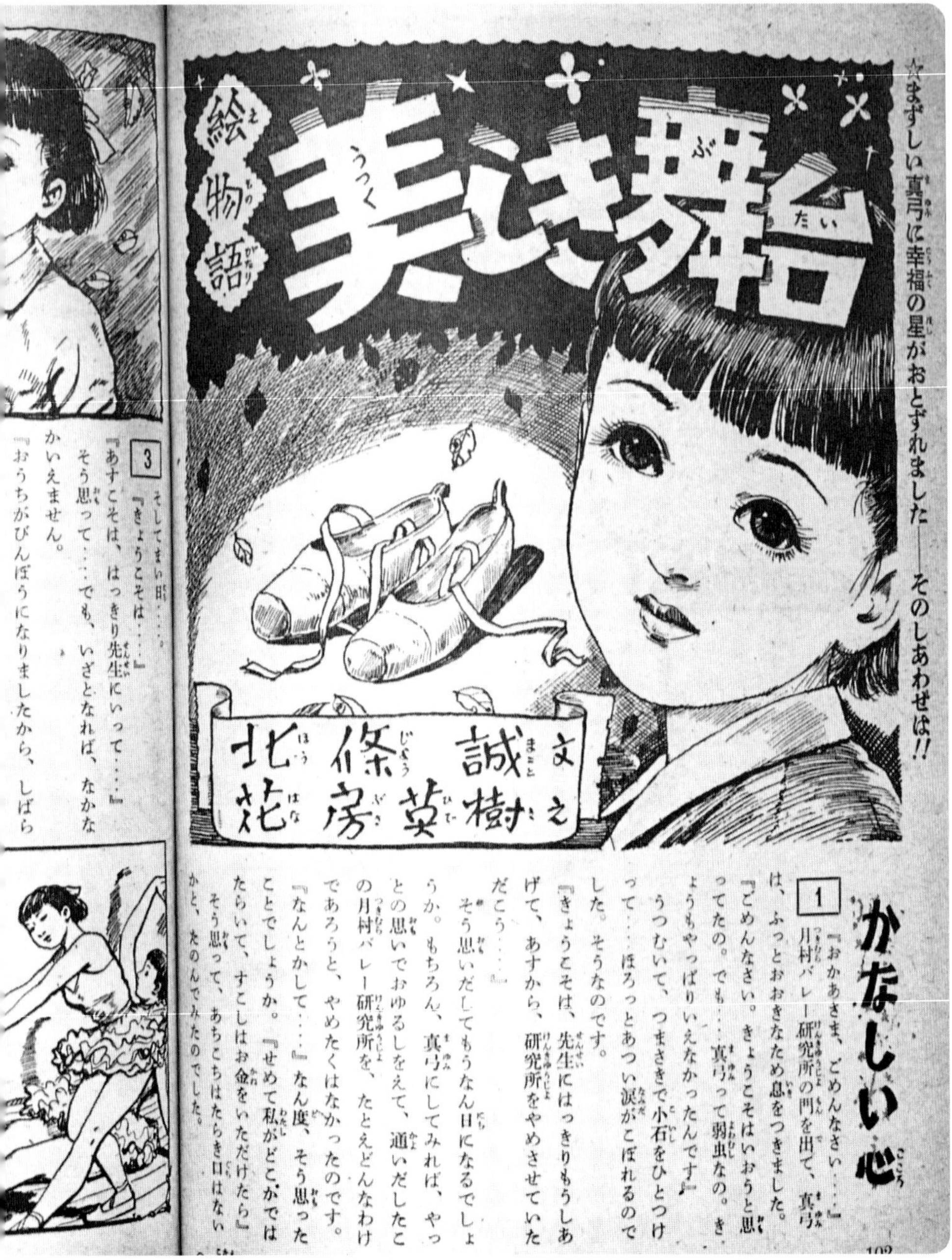

☆まずしい真弓に幸福の星がおとずれました――そのしあわせは!!

絵物語

美しき舞台

北条誠 文
花房英樹 え

1 かなしい心

『おかあさま、ごめんなさい……』

月村バレー研究所の門を出て、真弓は、ふっとおおきなため息をつきました。

『ごめんなさい。きょうこそはいおうと思ってたの。でも……真弓って弱虫なの。きょうもやっぱりいえなかったんです』

うつむいて、つまさきで小石をひとつけって……ほろっとあつい涙がこぼれるのでした。そうなのです。

『きょうこそは、先生にはっきりもうしあげて、あすから、研究所をやめさせていただこう……』

そう思いだしてもうなん日になるでしょうか。もちろん、真弓にしてみれば、やっとの思いでおゆるしをえて、通いだしたこの月村バレー研究所を、たとえどんなわけであろうと、やめたくはなかったのです。

『なんとかして……』なん度、そう思ったことでしょうか。『せめて私がどこかではたらいて、すこしはお金をいただけたら』

そう思って、あちこちはたらき口はないかと、たのんでみたのでした。

102

3

そしてまい日……

『きょうこそは……』

『あすこそは、はっきり先生にいって……』

そう思って……でも、いざとなれば、なかなかいえません。

『おうちがびんぼうになりましたから、しばら

「美しき舞台」花房英樹／画　北条誠／文　『少女ブック』昭和31年正月増刊号

「そよかぜの天使」木村光久／作・画
『ひとみ』昭和33年9月号

「ふたりの白鳥」細川知栄子
春名誠一／原作
『少女クラブ』昭和37年12月号

「赤いくつ」
相沢光朗／画　三谷晴美／作
『なかよし』昭和31年2月号付録

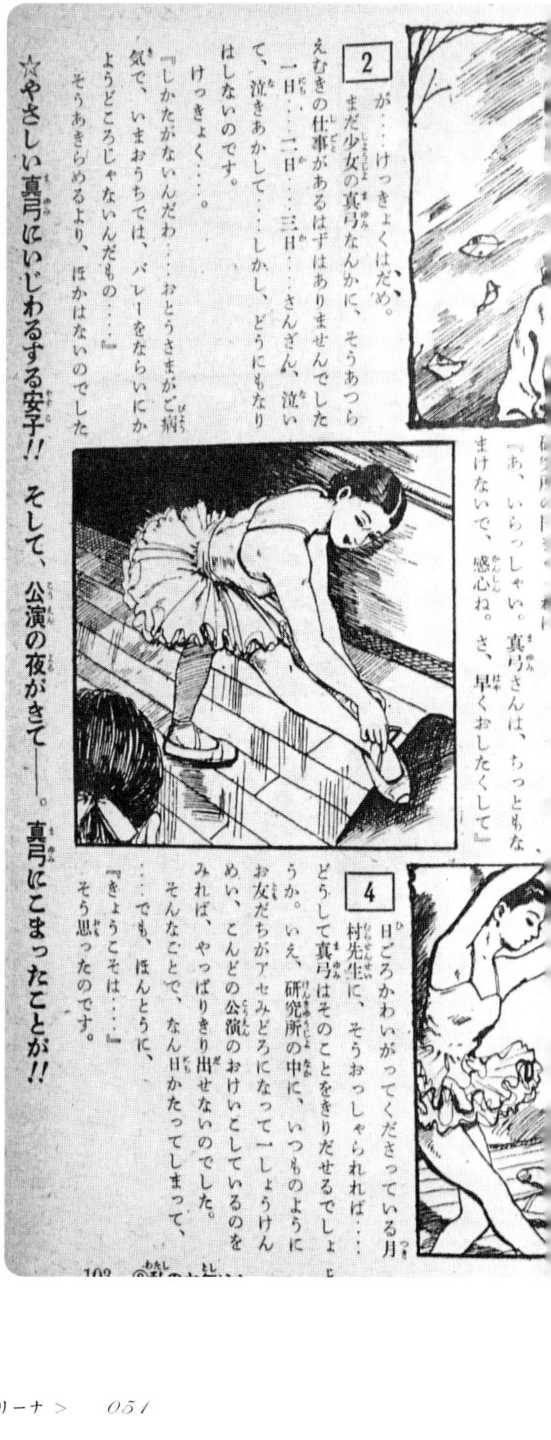

2

が……けっきょくはだめ。
まだ少女の真弓なんかに、そうあつらえむきの仕事があるはずはありませんでした一日……二日……三日……さんざん、泣いて、泣きあかして……しかし、どうにもなりはしないのです。
けっきょく……。
『しかたがないんだわ……おとうさまがご病気で、いまおうちでは、バレーをならいにかようどころじゃないんだもの……』
そうあきらめるより、ほかはないのでした

『あ、いらっしゃい。真弓さんは、ちっともなまけないで、感心ね。さ、早くおしたくして』

☆やさしい真弓にいじわるする安子!! そして、公演の夜がきて——。真弓にこまったことが!!

4

日ごろかわいがってくださっている月村先生に、そうおっしゃられれば……どうして真弓はそのことをきりだせるでしょうか。いえ、研究所の中に、いつものようにお友だちがアセみどろになって一しょうけんめい、こんどの公演のおけいこしているのをみれば、やっぱりきり出せないのでした。
そんなことで、なん日かたってしまって、……でも、ほんとうに、
『きょうこそは……』
そう思ったのです。

少女スター――晴れの舞台を夢見て

「花あり泉あり」
勝山ひろし／画
原準之助／文
『少女』昭和31年5月号

童謡歌手の誕生

終戦後、すべてを失っていた人々の心をほのぼのと明るくし、奮い立たせるような歌が流れました。それが「リンゴの唄」です。この歌は、昭和二〇年（一九四五）松竹少女歌劇の並木路子が映画「そよかぜ」の中で歌ったものですが、日本中に大流行しました。二一年には、川田正子が歌う「みかんの花咲く丘」がＮＨＫラジオ

そして、千鈴には、もっとかなしいことがおきました。
ある夜、おかあさまの弟の五郎おじさんが、こっそりとたずねてきました。九州へいく旅費をかしてくれというのです。おどろくおかあさまに「つきあっていた外人たちが、※
って……」
おじさんの
あの男すごい不良なのよ

外人の仲間では!?
※悪いことばかりするので手をきりたいのです。そのために、しばらく東京からはなれていたいと思
それを、てる子がぬすみぎきしていて、すっかり母に話してしまったのです。
そして、一週間ほどのち。
思わぬことが、千鈴にふりかかって、おかあさまが千鈴だけをのこして、しばらくおやしきを出なければならなくなったのです。
人相の
えっ外人が
わるい外人が、五郎おじさんをさがしにやってくるらしいのです。
「わたしさえいなければ、そんな外人もたずねてこないでしょう。けれどあなたは、学校や
オーケストラの練習のある身。おとうさまのお帰りになる日まで、しんぼうしていてね。」
千鈴とわかれることは身をきられるよりもつらい……。
そんな手紙をのこして、たったひとりおかあさまは旅へ!
ひとりのこされた千鈴!
千鈴!
六月号につづく

「哀しき円舞曲」山本サダ／画
大林清／作　『少女サロン』昭和26年1月号

「からたちの花」江川みさお／画
北原節子／作　『少女クラブ』
昭和32年正月増刊号

「あけみのねがい」東浦美津夫／構成
須井州子／原作
『少女』
昭和33年5月号

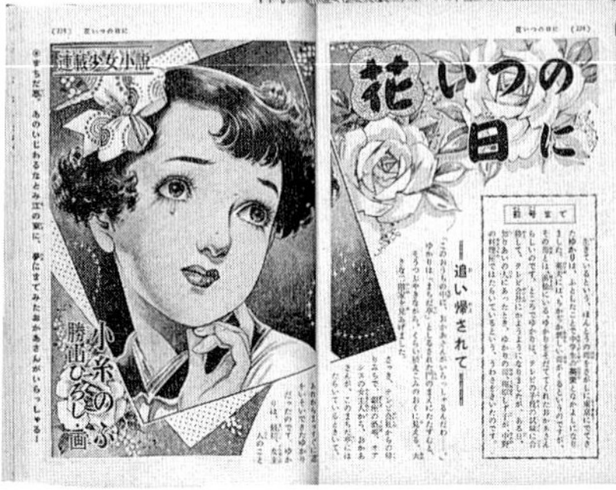

「花いつの日に」
勝山ひろし／画
小糸のぶ／作
『少女クラブ』
昭和30年2月号

で放送され、大ヒット。川田正子は童謡歌手として一躍有名になりました。
　この頃は、この川田正子のような童謡歌手と呼ばれる少女たちが大勢誕生し、彼女たちの歌声はラジオの普及とともに全国に知られました。また雑誌においても彼女たちの姿がたびたび取

「にじのおとめ」
江川みさお／画
西条八十／原作
『りぼん』昭和31年8月号

り上げられるようになりました。昭和二三年には、美空ひばりが横浜でののどじまん大会出場をきっかけに歌手デビューし、次々ヒットを飛ばすようになりました。大人顔負けの大活躍で一躍国民のアイドルになった彼女もまた、少女雑誌の常連としてグラビアに登場するようになりました。

明日のスター

昭和二〇年代は、彼女たちのほかに、松島トモ子を筆頭に古賀さと子、鰐淵晴子、近藤圭子、小鳩くるみ、浅野寿々子といった童謡歌手や雑誌モデルが次々登場し、少女たちの憧れを一身に集めるようになりました。彼女たちの生い立ちは物語となってたびたび雑誌に掲載されました。戦争の影響を受けたその苦難の生い立ちや、スターとして選ばれるまでの苦労話は読者の共感を呼んで、熱狂的な支持を得ました。

二〇年代末の東京には、明日のスターをめざす少女のために、児童合唱団が五〇余りもあったそうです。また、レコード会社は美空ひばりの成功を目の当たりにし、ひばりに続けと躍起になって少女歌手を探すようになりました。こうしたブームが小説・絵物語やマンガにも反映し、少女スターをめざすヒロインの物語が多数生み出されました。

星の道は遠い
ある少女スターのよろこびとかなしみ
小糸のぶ
勝山ひろし・え

「星の道は遠い」（スター）
勝山ひろし／画
小糸のぶ／作
『少女クラブ』
昭和32年11月号

「歌のつばさに」
牧かずま
『少女ブック』
昭和38年1月号

「歌のつばさ」
花房英樹／画
二反長半／作
『少女ブック』
昭和31年1月号

「心に花のさく日まで」藤形一男／画　谷いずみ／文
『少女ブック』昭和34年10月号

少女探偵——謎ときは私に任せて

「オペラの怪人」
古賀亜十夫／画　高木彬光／作
『少女サロン』昭和29年1月号

「おそろしいお話、怖いお話」

昭和二三年（一九四八）頃より、タイトルに「怪」「魔」「悪」「密」「奇」等の文字が使われる児童読み物が多数生まれました。これらは主に、探偵小説、伝奇時代小説、空想科学小説に多く、児童文学者たちは、これを「怪魔」の横行と呼んで子どもたちに与える影響を危惧しました。しかし、大人たちの不評をよそに、子どもたちは血沸き肉躍るこれらの「怪魔もの」を好んで読みました。

また昭和二四年、江戸川乱歩が戦前からシリーズ化していた「少年探偵団」の連載を『少年』（光文社）に再開してから、巷では少年探偵ブームが巻き起こっていました。

こうした動きが少女雑誌での探偵小説人気に拍車をかけ、「おそろしいお話、怖いお話」として探偵小説が多数掲載され、大人気となりました。

少女探偵大活躍！

当時少女雑誌で探偵小説を発表していた作家には、乱歩のほか、西条八十、柴田錬三郎、島田一男、高木彬光、都筑道夫、角田喜久雄、横溝正史などそうそうたるメンバーが名を連ねていました。彼らの小説には、乱歩が生み出した少年探偵・小林芳雄くんに匹敵する少女探偵が登場し、知恵と勇気をもって難事件を解決していきます。

少女たちは、犯人の待つ恐ろしい屋敷へ勇敢に飛び込んだり、隠された謎をさらりと解いてみせる少女探偵に憧れました。そして一方でヒロインを恐ろしい事件に陥れる犯

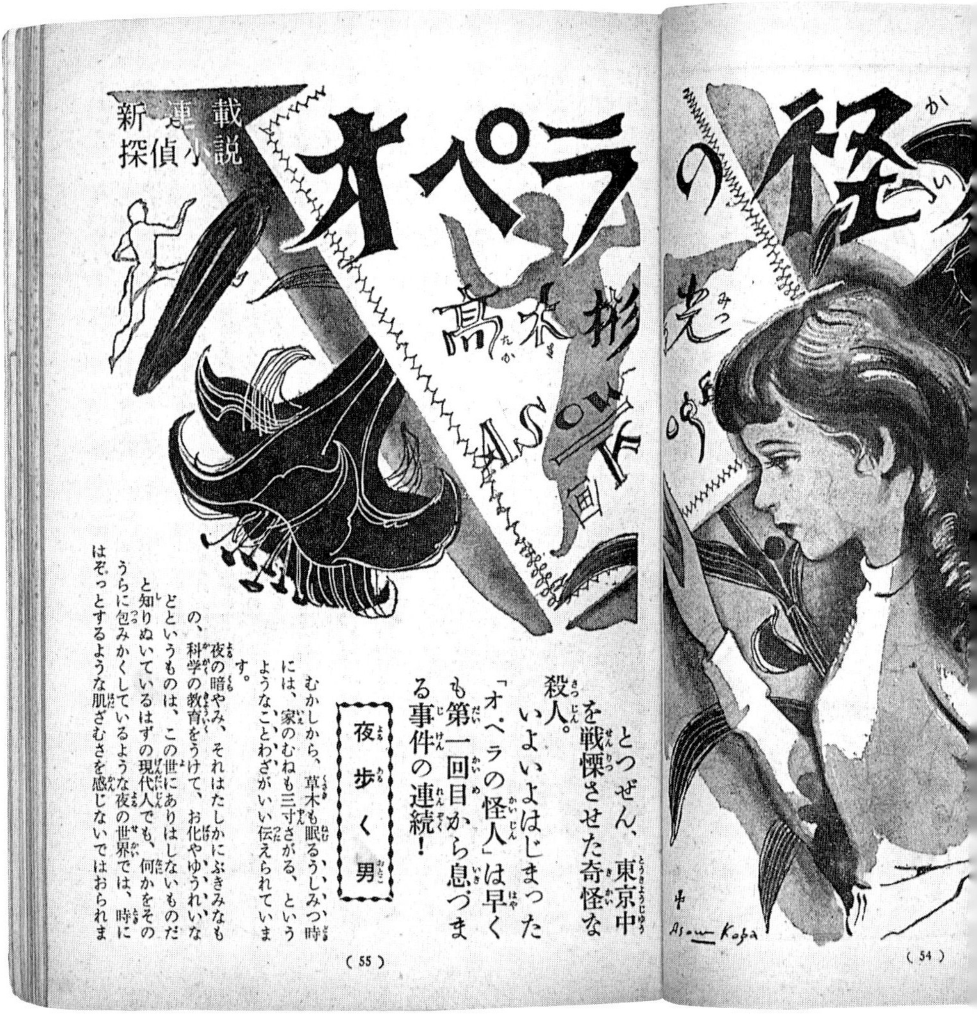
新連載探偵小説
オペラの怪
高木彬光 作
ASOW 画
とつぜん、東京中を戦慄させた奇怪な殺人。いよいよはじまった「オペラの怪人」は早くも第一回目から息づまる事件の連続！
夜歩く男
むかしから、草木も眠るうしみつ時には、家のむねも三寸さがる、というようなことわざがいい伝えられています。
夜のやみ、それはたしかにぶきみなもの、科学の教育をうけて、お化やゆうれいなどというものは、この世にありはしないものだと知りぬいているはずの現代人でも、何かをそのうらに包みかくしているような夜の世界では、時にはぞっとするような肌ざむさを感じないではおられま
（55）
Asow Koba
（54）

人の妖しい世界に惹きこまれ、ヒロインが危機また危機におちいる時のハラハラドキドキ感を楽しみました。

少女探偵小説人気は当然マンガにも飛び火しました。小野寺秋風は、「探偵タン子ちゃん」シリーズを『少女クラブ』に、「探偵テイ子ちゃん」シリーズを『少女ブック』に、「ボクちゃん探偵長」を『なかよし』に連載し、人気マンガ家となりました。「ケン1探偵長」を『少年クラブ』に連載（昭和二九年）していた手塚治虫は、昭和三二年から、おしゃまな少女探偵パコちゃんが活躍する「こけし探偵局」を『なかよし』に連載し、人気を博しました。

少女たちは、悲劇のヒロインに憧れながらも、かしこく活動的な少女探偵にも憧れを抱いていたようです。

(192)

たんてい絵物語

なぞの金時計

柴田錬三郎
中村猛男・え

◎東京紳士がといた二つの金時計のなぞ！　だが、その一つは片目の毒蛇に、そして、もう一つの金時計は……。

1

二つの金時計をならべると、世にもふしぎなことに、すばらしいたからのありかをしらせる声がきこえるという、なぞの金時計――。

その金時計の一つを、病気の一郎青年がもっているにちがいないと、よくふかなさそりばあさんは、ベッドとそのまわりを、ねっしんにしらべました。

「ちえっ！　どこにかくしたんだ、一郎！」

「ぼくは、ぜったいに、そんなものはもっていませんよ」

「うそをつくな！　ふん、いまにきっとさがしだしてやるぞ！」

さそりばあさんは、にくにくしげに一郎をにらみつけておいて、へやを出ていきました。

すると、一郎青年は、よわりはてたからだをやっとベッドの上へおこして、そろそろとゆかへおりたったのでした。

(193)

2

「にげだすのだ！　もう、こんなところにいられない！」一郎青年は、じぶんにつぶやいて、よろめきながら、洋服だんすのところへちかづきました。

もうそれだけで、いきがくるしそうで、はっはっとあえいでいます。しかし、けんめいにこらえて、一郎青年は洋服をきると、ゆかにうずくまって、たんすの下へ手をさしいれました。

一郎青年が、たんすの下からひきだしたのは、ぴかりとかがやく金時計でした。やっぱり一郎青年は、おとうさんのかたみをたいせつにもっていたのです。

だが――ああ、このときドアがあいて、ひょいと顔をのぞかせたのは、牛太郎でした。

3

「う、う、う……。」と、ぶきみなうなり声をたてて、牛太郎は、一郎青年にせまりよりました。

「牛太郎！　出ていけ！　出ていけ！」

と、一郎青年は、手をふりながら、あとずさりしました。

しかし、牛太郎は、にたにたすると、のそりと一郎青年のまえにたつや、いきなり、その手にもった金時計を、うばいとったのです。

「な、なにをするっ！　かえせ！」

一郎青年は、それこそひっしの力をふりしぼって、牛太郎にしがみつきました。牛太郎は、うるさいっ、とばかり、一郎青年をつきとばしておいて、へやを出ていってしまいました。

☆豆知識☆　しらがは、かみの毛の中が、からっぽになり、そこに空気がたまって光るから白く見えるのです。

「なぞの金時計」中村猛男／画　柴田錬三郎／作　『なかよし』昭和30年7月号

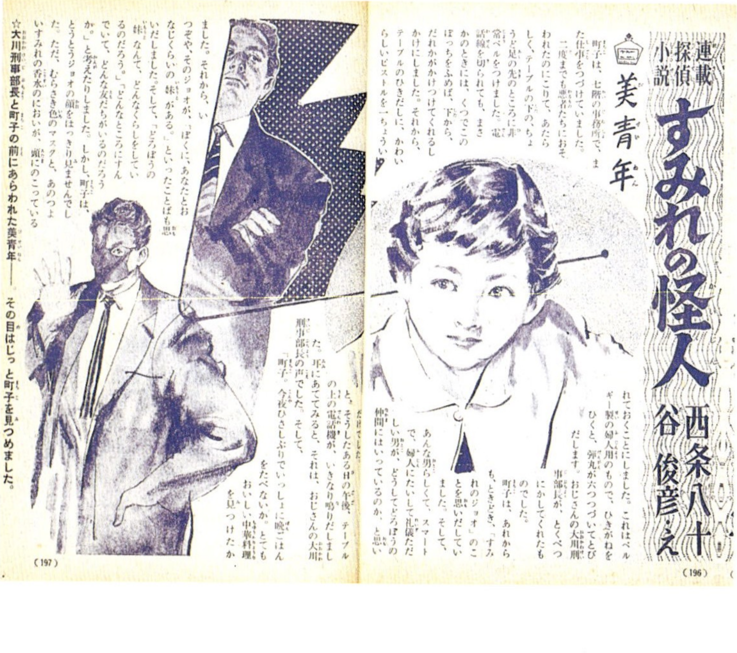
連載探偵小説

すみれの怪人

西条八十
谷俊彦・え

美青年

町子は、七階の事務所で、また仕事をつづけていました。

二度までも悪者たちにおそわれたのにこりて、あたらしく、テーブルの下の、ちょうど足の先のところに非常ベルをつけました。電話線を切られても、まさかのときには、くつでこのぼっちをふめば、下から、だれかがかけつけてくれるしかけにしました。それから、テーブルのひきだしに、かわいらしいピストルを一ちょういれておくことにしました。これはベルギー製の婦人用のもので、ひきがねをひくと、弾丸が六つつづいてとびだします。おじさんの大川刑事部長が、とくべつにかしてくれたものでした。

町子は、あれからも、ときどき、「すみれのジョオ」のことを思いだしていました。そして、あんな男らしくて、スマートで、婦人にたいして礼儀ただしい男が、どうしてどろぼうの仲間にはいっているのか、と思いました。それから、いつぞや、そのジョオが、「ぼくに、あなたとおなじくらいの妹がある。」といったことばも思いだしました。そして、「どろぼうの妹なんて、どんなくらしをしているのだろう。」「どんなところにすんでいて、どんな友だちがいるのだろうか。」と考えたりしました。しかし、町子は、とうとうジョオの顔をはっきり見ませんでした。ただ、むらさき色のマスクと、あのつよいすみれの香水のにおいが、頭にのこっているだけでした。

と、そうしたある日の午後、テーブルの上の電話機が、いきなり鳴りだしました。耳にあててみると、それは、おじさんの大川刑事部長の声でした。そして、

「町子。今夜ひさしぶりでいっしょに晩ごはんをたべないか。とてもおいしい中華料理を見つけたか

☆大川刑事部長と町子の前にあらわれた美青年――その目はじっと町子を見つめました。

(196)
(197)

「すみれの怪人」
谷俊彦／画
西条八十／作
『少女クラブ』
昭和31年4月号

「金色の風車」
梁川剛一／画　島田一男／作
『少女ブック』昭和28年9月号

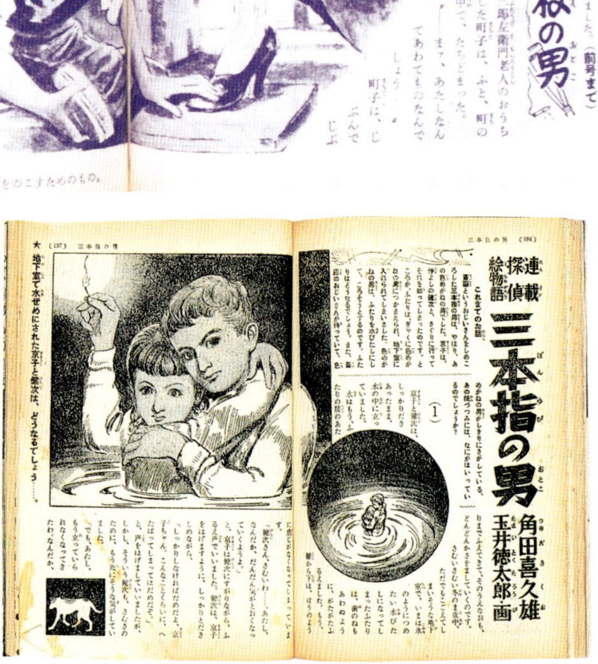

「三本指の男」
玉井徳太郎／画
角田喜久雄／作
『少女クラブ』
昭和29年11月号

「ボクちゃん探偵長」小野寺秋風　『なかよし』昭和30年6月号

「少女探偵ナンシーちゃん」
畠山一夫　『少女クラブ』
昭和32年正月増刊号

探偵タン子ちゃん
「ホテルの怪盗」小野寺秋風
『少女クラブ』昭和32年正月
増刊号

「スーパーローズ」
石川球太　『ひとみ』
昭和36年4月号

「こけし探偵局」手塚治虫　『なかよし』昭和32年4月号

どこでもまねのできない
少女クラブ新年号の
16大ふろく！
①ハッピー・バッグ
おでかけに、またおへやにかざって物入れにもつかえるビニール製のバッグ！あなたが、来年もしあわせでありますように、少女クラブが心からおおくりするプレゼントです。
↑金と銀のおび。内藤ルネ先生のお人形さんの絵。
②ユカをよぶ海
大ひょうばんの「ユカをよぶ海」。新年号は、だんぜんすてきなお話です。ごきたいください。
ユカをよぶ海
いまから、おこづかいをためておいてね。
らいの16大ふろくです。

4

ほしいものは付録にあった

「どこでもまねのできない少女クラブ新年号の16大ふろく！」の文字が目を引く、新年号付録の予告

『少女クラブ』
昭和34年12月号

雑誌付録の始まり

雑誌を手にとったときに感じる、あのふくらみを覚えていますか。月に一度届けられる雑誌を分厚く膨らませていた、あの付録の数々を覚えていますか。

日本で雑誌が創刊され始めた明治初期、付録という言葉は本誌内の特別記事をあらわしていたそうです。それが、いつの頃から雑誌を膨らませるほどの量と多彩さを持ち合わせるようになったのでしょうか。

日本で最初の少女専用雑誌『少女界』が創刊されたのは、明治三五年（一九〇二）のことです。それから大正時代にかけ

て数多くの少女雑誌が創刊されました。明治期の少女雑誌の付録は、特別記事のほかは、お正月につけられる双六などでした。大正期に入ると双六のほかに、江戸時代から庶民にもてはやされた「おもちゃ絵」を応用した、紙の組み立て細工が付録としてつけられるようになりました。

9 冬のおたよりカード
7 うらないブック
うらないブック
5 歌の花たば
歌の花たば
4 あなたのための冬のスタイルブック
パパオ
11 バレーふうとう
懸賞ブック
8 懸賞ブック
ものしりノート
6 ものしりノート
10 トモ子のブロマイド
13 冬のシール
3 東京の名所
パパオ
あなたを東京じゅうにご案内する、トモ子ちゃんの写真小説！ 新年号ではどこへ案内してくれるでしょう？
少女クラブのふろくは十六もつくのね。
そうよ、それも十六番めのふろくまで、どれもすてきなものばかりでしょ。ほんとにまちどおしいわ。
12 バレーびんせん
14 カラー・ブロマイド
15 おとしだまバッグ
16 カレンダー・スタンド
うりだし 12月9日
少女クラブ新年号は、少女雑誌はじまって

　昭和に入ると、ミニ知識をまとめた別冊付録や皇室関係の写真集といった付録を中心に始まり、しだいに千代紙、しおり、絵はがきといった紙の美しさそのものを生かした付録がつくられるようになりました。また、当時人気のさし絵画家・蕗谷虹児、須藤しげる、加藤まさをらが装幀・さし絵

を手がけた読みきり小説の別冊付録は人気が高く、昭和八年（一九三三）頃より頻繁につけられるようになりました。

しかし、少女雑誌の付録において変革をもたらしたのは、『少女の友』のさし絵画家・中原淳一と松本かつぢといえるでしょう。当時の少女雑誌の付録に不満を感じていた中原は、詩画集やレターセット、カード類、しおりなどに自身の絵をふんだんに取り入れた可憐な付録をつくりました。さらに幌馬車の小窓を開けると暦が現れるカレンダー、ポップアップカードといった三次元的デザインを加えたモダンな付録も生み出しました。これは当時、美しいものに飢えていた少女たちを魅了しました。

松本かつぢは、当時『少女の友』に「くるくるクルミちゃん」というマンガを掲載していたことから、その主人公〝クルミちゃん〟をイメージキャラクターに使った付録がつくられ、大人気となりました。

付録で競う少女雑誌

昭和一〇年代後期に入って世の中が軍事色で染まり始めると、紙の不足や出版統制が厳しくなり、付録どころではなくなる時代がしばらく続きました。戦後になり、戦中も合併号などで細々と出版を継続していた『少女クラブ』は、まだ紙の配給もままならない昭和二三年（一九四八）、少女歌劇集や詩歌集といった別冊付録をつけるなど、すばやい復活をみせました。

また、翌年二四年に創刊された光文社の『少女』でも、別冊付録のほかに「美麗モデルシップ」といった組み立て付録や「ビニール・バッグ」をつけるなど、少女の関心を惹く付録作りに意欲を見せ始めました。

その後各誌は、雑誌自体に厚みが出始め、絵はがきやしおり、レターセットなどの戦前からの定番付録に加え、手芸セットや文箱、壁飾りといった多彩な付録をつけるようになっていきます。二五、二六年には、それぞれの雑誌が付録にもオリジナリティーを出すようになっていきます。

たとえば、『少女の友』では当時読者の熱狂的な支持を得ていた藤井千秋の抒情画で彩られたレターセットやカード、カレンダーやメモ帳、詩集を毎号つけていました。『少女』では、やはり人気のさし絵画家・松本昌美デザインによる筆立てや下敷き、壁掛けをつけたり、『少女の友』

から引き継いで連載し絶大な人気を得ていた松本かつぢの「くるくるクルミちゃん」を起用した付録をつけて、読者の支持を得ていました。『少女クラブ』は、戦前から「おもしろくてためになる」をモットーにしていたせいか、「社会科見学地図帳」や「私たちの作文宝典」「新案鉛筆ケース」などといった学習付録が多かったようです。ただ、これらの学習付録には当時人気のさし絵画家・勝山ひろしや佐藤漾子が絵をつけていて、少女らしい華やぎを添えていました。

昭和三〇年代に入ると、少女たちの夢と憧れを満たすような豪華な付録が数多く登場します。それは、少女たちのほしいものはすべて付録にあった、といっていいほどの充実ぶりでした。

たとえば、お花のブローチや憧れのトウシューズのブローチ、幸福の指輪やかわいいマスコット、この頃人気だった内藤ルネのビビッドなデザインのノートやレターセット・紙バッグ、オシャレ少女のための手芸セット等々さまざまなアイテムの付録が競うようにつけられました。

また、当時活躍中の少女スターたちの関連付録も多数ありました。今日では稚拙にも見えるこれらの付録は、ファンシーショップなどない時代にあって、少女たちの毎月の楽しみであり、大切な宝物にもなっていました。そして「量的にも質的にも、豊かさへの貪欲な憧れ」(『少年少女ふろくコレクション』藝神出版社 一九九六年)が込められていました。

昭和三〇年代の付録は、この時代の豊かさを象徴していくかのように、年を重ねるごとに数が増えていきました。そして三〇年代中頃には、各誌が数を競う付録合戦の様相を呈していきました。少女雑誌に限ったことではありませんが、「12大ふろく」「16大ふろく」といったうたい文句が雑誌の予告ページに必ず入るようになりました。

やがて付録は、材質の規制が強まるなかで、別冊付録の冊数を競い合うようにもなっていきますが、昭和三八年(一九六三)の週刊誌時代前後より、この数を競い合う付録合戦は落ち着いて、再びオーソドックスなレターセットや絵はがき、紙バッグなどの紙を使用した付録へと回帰していくようになります。少女雑誌の付録は、女の子にとっていつの時代にもなくてはならないものとして今日にも継承されています。

付録コレクション

ファンシーグッズ

昭和30年代の付録には、デラックスセット、マスコットセットと銘うって、女の子の好きなアクセサリーやマスコットなどのファンシーな小物を組み合わせた「セット付録」が登場し、人気を博しました。

新しい夢のブローチ
さくらんぼブローチ
少女クラブ4月号ふろく②
5月号ふろく
かごの中にいれて まい日かえてつけられる!
バスケット・ブローチセット
プリンセス・アンブローチ
なかよし 10月号ふろく
アルプスブローチ
てんとう虫ブローチ
ブローチにもなる
花のかみかざり
三色小菊の
お花のかんざし
りぼん11月号ふろく-6-
3ばい たのしくな
デラックス
お年玉
セット
バス入れ虫 時間表つき スターおさいふ
木の葉のマスコットノート
マスコットこいぬ
おしろい紙ノート

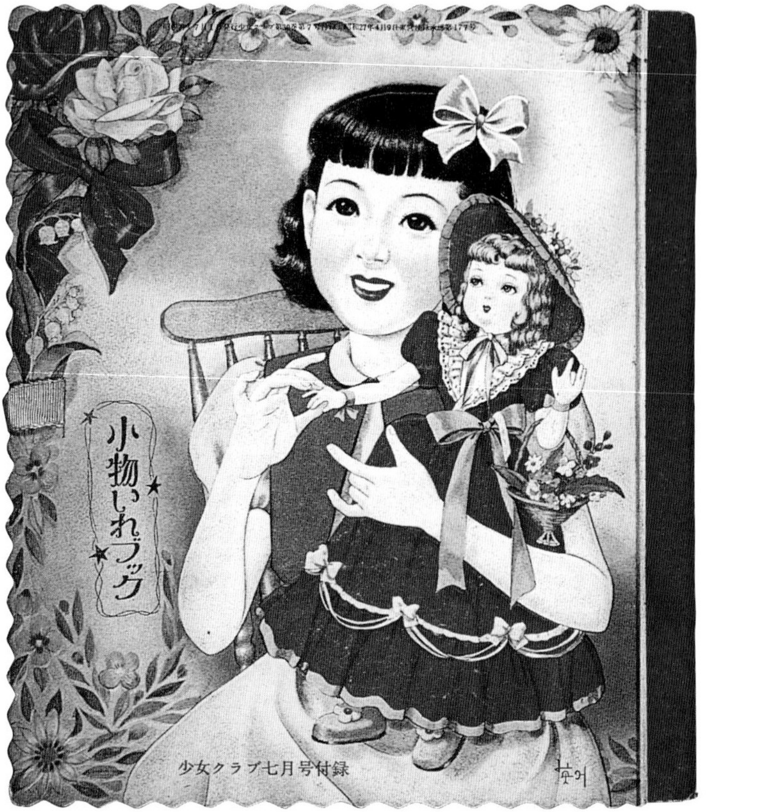

「小物いれブック」
佐藤ひろ子／画
『少女クラブ』
昭和27年7月号付録

昭和三〇年代、少女雑誌の付録において人気が高かったのは、コンパクトやおさいふ、ワッペンといった女の子向けファンシー小物や、ブローチ、髪飾り、指輪などのアクセサリー類。まだファンシーショップなどない時代、人気の内藤ルネや高橋真琴、田村セツコのイラストがついたかわいい小物類は、他では絶対手に入らないものでした。また、ほんの少し背伸びをしたい年頃の少女にとってアクセサリー類は宝物でした。

これらの付録には、「マスコットこいぬ」「マスコット・リュック」「マスコットさいふ」など〝マスコット〟つまり、縁起のよい人や物、福の神（朝日新聞社『知恵蔵』より）という単語が頻繁に使われていました。

また、赤松セツ子のマンガ「しあわせの星」の付録「しあわせのマスコットセット」や、「幸福のゆびわ」「しあわせになれるコンパクト」といった〝しあわせ、幸福〟をキーワードとした付録も多くつけられました。少女たちは、雑誌に掲載される薄幸の少女の物語に涙しながら、幸せを願うこれらの付録に胸躍らせていました。

「チャコちゃんの日よけ帽」
今村洋子／画
『少女』
昭和35年9月号付録

「少女玉手箱」
『少女ブック』昭和27年9月号付録

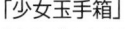

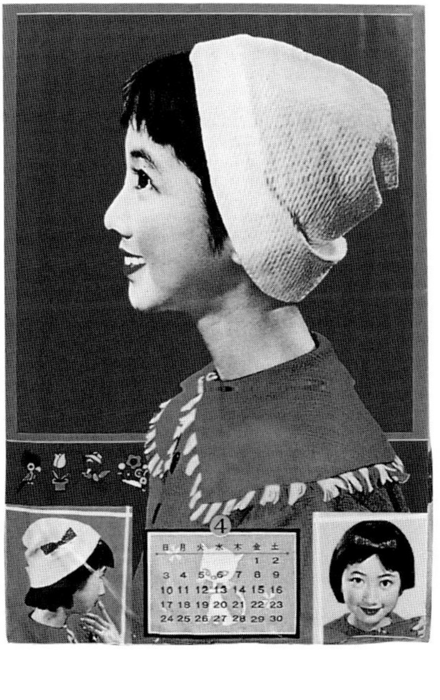

「フラワーハットと水玉りぼん」
『りぼん』昭和35年4月号付録

「くるくるクルミちゃん」松本かつぢ／画　『少女』昭和27年5月号

松本かつぢ（まつもと・かつじ）
明治37年（1904）、神戸生まれ。立教中学時代より、博文館の『新青年』などにアルバイトでさし絵を描いていたが、27歳のとき『少女世界』で抒情画家としてデビューし、以後『少女の友』をはじめ多くの少女雑誌で活躍する。『少女の友』では華麗な抒情画で人気画家となるが、それと並行してマンガも描き始める。なかでも、「くるくるクルミちゃん」は大人気となり、戦後掲載誌を『少女』（光文社）へ変えながら、35年もの間連載された。主人公のクルミちゃんは読者の人気者となり、その愛らしい姿は絵はがきやカードのほかバッグやハンガー、カレンダーなど、さまざまなグッズにデザインされ、付録としてつけられた。戦後は、講談社の『楽しい幼稚園』の組み立て付録を考案したほか、会社を設立し、ベビー用品のデザインを行い、明るさとかわいらしさを求めた商品を世に送り出した。昭和61年（1986）永眠。享年81歳。

「クルミちゃん型スケジュール表」
松本かつぢ／画　『少女』
昭和26年10月号付録

「クルミちゃんハンガー」松本かつぢ／画　『少女』
昭和26年9月号付録

「クルミちゃんカレンダー」松本かつぢ／画
『少女』昭和26年1月号

付録コレクション

手芸用品

「クルミちゃん手芸スタイル」
『少女』
昭和25年7月号
付録

　手芸関連の付録は、戦前の『少女倶楽部』や『少女の友』にもよくつけられていました。とくに、『少女の友』では中原淳一が、昭和一〇年代に「お人形帖」と題した手芸帖を付録にして好評を博していましたが、戦後は、自分の雑誌『ひまわり』に再び「クリスマスの手芸帖」や「お人形帖」をつけています。

　また昭和二四年（一九四九）頃より洋裁ブームが全国各地で巻き起こり、婦人雑誌では洋服デザインや、裁断図を掲

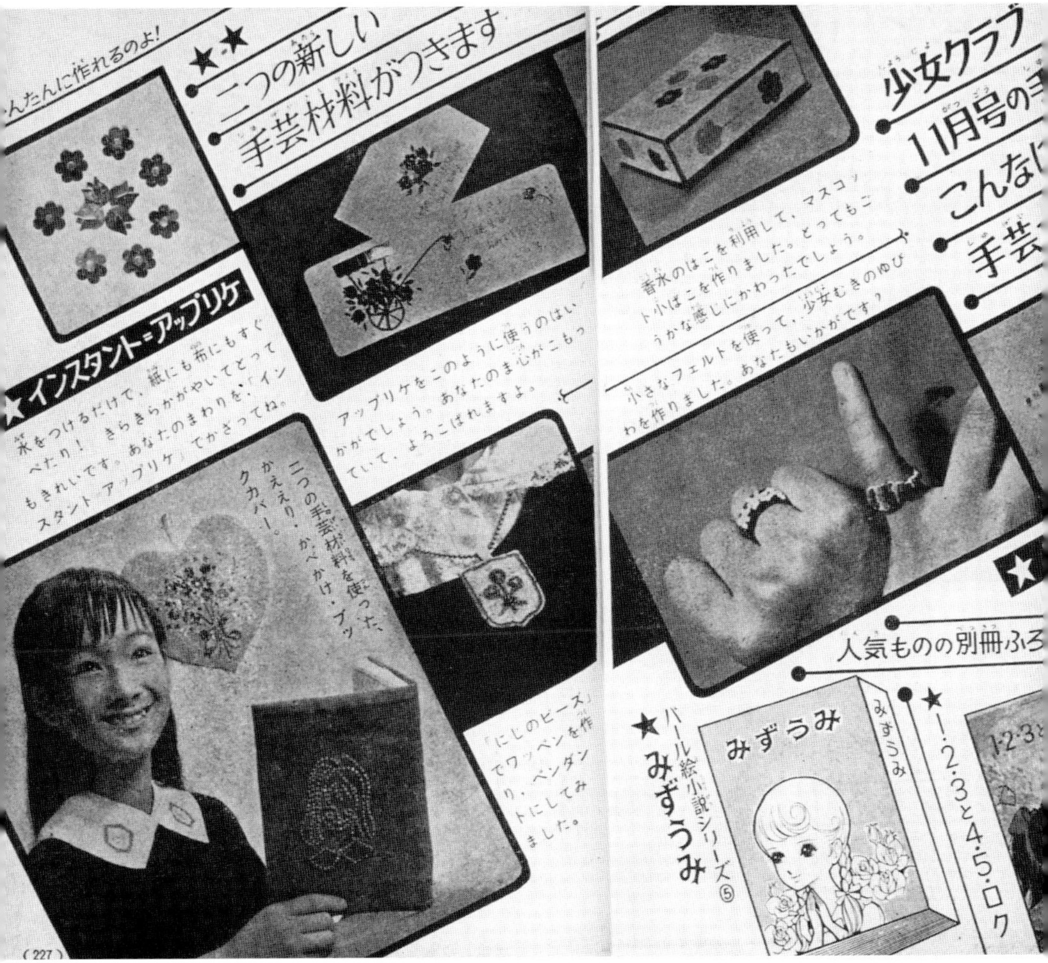
んたんに作れるのよ!
★★二つの新しい
手芸材料がつきます
★インスタント＝アップリケ
水をつけるだけで、紙にも布にもすぐぺたり! きらきらかがやいてとってもきれいです。あなたのまわりを「インスタント＝アップリケ」でかざってね。
アップリケをこのように使うのはいかがでしょう。あなたのま心がこもっていて、よろこばれますよ。
二つの手芸材料を使った、かええり、かべかけ・ブックカバー。
「にじのビーズ」でワッペンを作り、ペンダントにしてみました。
少女クラブ
11月号の手
こんなに
手芸
香水のはこを利用して、マスコット小ばこを作りました。とってもごうかな感じにかわったでしょう。
小さなフェルトを使って、少女むきのゆびわを作りました。あなたもいかがです?
人気ものの別冊ふろ
★パール絵小説シリーズ⑤ みずうみ
みずうみ
★1・2・3と4・5・ロク
(227)

次号付録予告　『少女クラブ』昭和37年10月号

載したり、別冊付録につけたりと、誌上洋裁学校を展開していました。少女雑誌においてもこの影響からか、お母さんにお洋服やバレリーナのチュチュをつくってもらう、といったシーンがたびたび出てきました。

今日のように手軽に洋服を買う感覚はこの時代にはなく、まずは手作り、の時代でした。そんな時代でしたから、付録につけられたアップリケやビーズは、お母さんの真似をして手作りをしたい少女にとってうれしい付録となりました。また、お人形やマスコットの作り方が描いてある手芸本や「レースとリリアンの手芸セット」などは、夢と実用性を兼ねた付録として人気がありました。

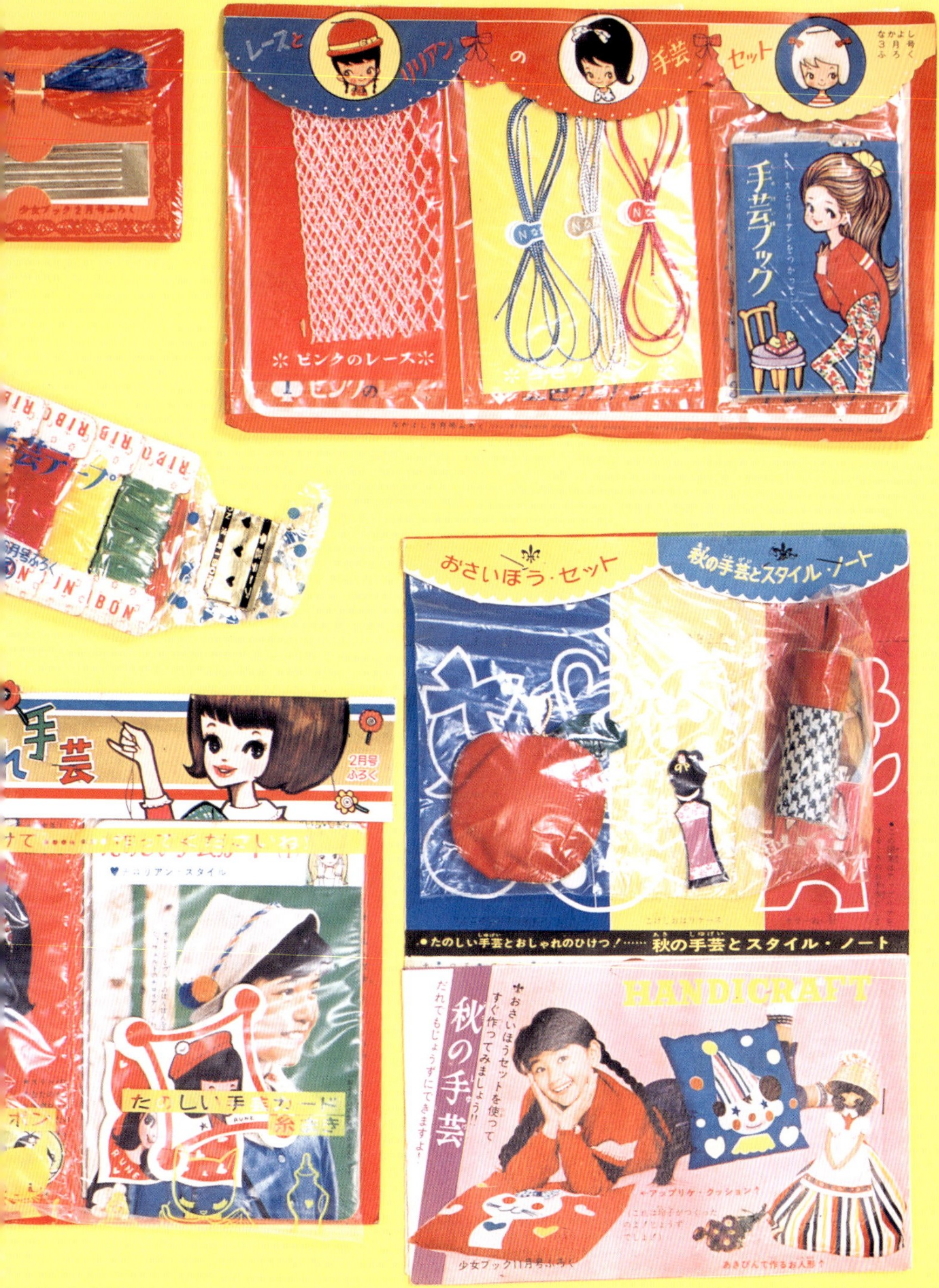
少女ブック2月号ふろく
レースとリリアンの手芸セット
なかよし3月号ふろく
手芸ブック
レースとリリアンをつかって
ピンクのレース
2月号ふろく
たのしい手芸カード
リリアン・スタイル
おさいほう・セット
秋の手芸とスタイル・ノート
たのしい手芸とおしゃれのひけつ！……秋の手芸とスタイル・ノート
HANDICRAFT
秋の手芸
だれでもじょうずにできますよ！
おさいほうセットを使ってすぐ作ってみましょう!!
アップリケ・クッション
あきびんで作るお人形
少女ブック11月号ふろく

昭和20～30年代の少女は、手作りが大好きだったようです。付録につけられた手芸ブックをお手本に、ブックカバーやクッションにアップリケをつけるのはもちろん、お人形やぬいぐるみも自分でつくりました。

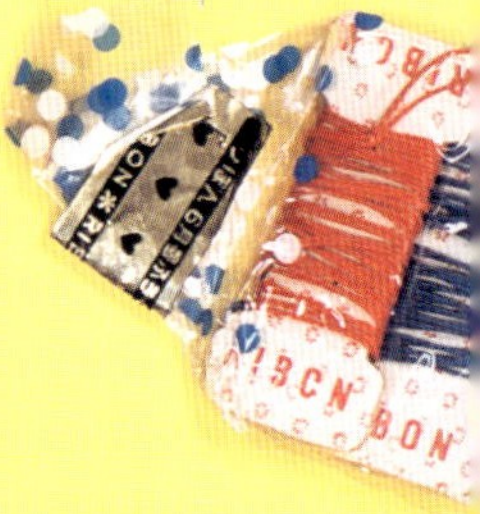

付録コレクション

おしゃれバッグ

少女付録の定番であるバッグは、戦後どの雑誌も競ってつけていた付録です。とくに、内藤ルネや田村セツコといったイラストレーターが出現してからは、彼らのかわいらしいキャラクターやカラフルな配色がこのバッグ付録に生かされました。また、ビニールという新しい素材を得たバッグ付録は、よりオシャレに変身して少女たちのハートをとらえました。

昭和30年代後半、持ち手のない紙バックを小脇に抱えて歩くことが、おしゃれでした。

付録コレクション

少女スターアイテム

「トモ子ちゃん
カレンダー」
（写真／松島トモ子）
『少女クラブ』
昭和31年1月号付録

昭和二〇〜三〇年代の松島トモ子や古賀さと子、近藤圭子といった少女スターの人気は絶大でした。その人気は付録にもおよび、ブロマイドやプロフィール入りアルバム、カレンダー、カードといったもののほかに、小説やマンガの別冊付録の表紙にも彼女たちの写真が掲載されていました。

なかでも人気だったのは、童謡歌手が歌った歌詞を載せた歌のアルバムや、美空ひばり・雪村いづみなどのお姉さまスターと一緒に写ったグラビア集などでした。

「歌とおどりのテレビ劇場」
『少女クラブ』昭和29年12月号付録

「みどりの真珠」（わたなべまさこ、表紙／松島トモ子）『少女ブック』昭和34年2月号付録

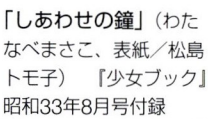

「しあわせの鐘」（わたなべまさこ、表紙／松島トモ子）『少女ブック』昭和33年8月号付録

「花のスタアまつり」
（表紙／近藤圭子、松島トモ子）
『少女ブック』昭和31年6月号付録

「海と山の読本」（表紙／松島トモ子）
『少女ブック』昭和31年7月号付録

「スターサインいりハンカチ、
オールスターブロマイド」
『少女ブック』
昭和37年5月号付録

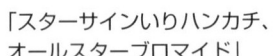

「小さな花」（わたなべまさこ、表紙／浅野寿々子）　『りぼん』昭和38年11月号付録

「歌と映画のアルバム」
『少女ブック』昭和29年1月号付録

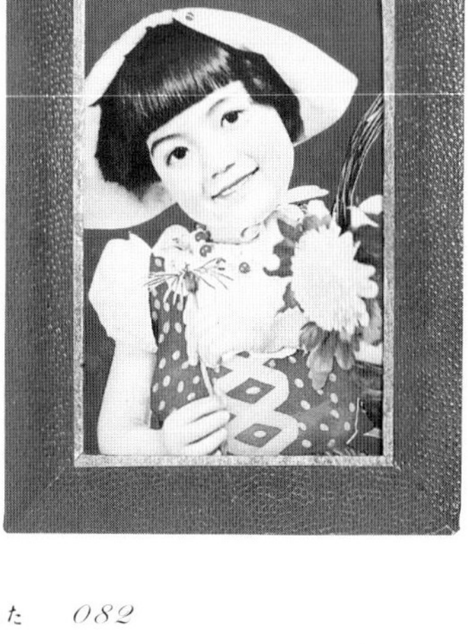

「写真立て」
『少女』付録
その他不明

「歌の花かご」（表紙／美空ひばり、古賀さと子、小鳩くるみ）
『なかよし』昭和30年1月創刊号付録

付録コレクション

バレエグッズ

「バレリーナのバッグ」
『なかよし』昭和37年1月号付録

「新案ビニールべんりケースとバレーかべかけ」
『なかよし』昭和34年6月号付録

バレリーナは時代にかかわらずつねに女の子の憧れの存在です。白鳥を思わせるような衣装の可憐さ、独特の動きとポーズの華麗さなど、いずれも絵になるバレリーナは小説にもマンガにも格好の題材となりました。

もちろん付録にもバレリーナはたびたび登場しました。定番の絵はがきや便箋のほか、当時はやりの紙バッグに描かれたほか、憧れの小道具チュチュやトウシューズが小物入れやブローチになるバレエセットなどもありました。

「松島トモ子ちゃんのバレーえはがき」
『少女クラブ』昭和33年2月号付録

「バレエセット」
『りぼん』昭和36年
11月号付録

Writing Tablet

「バレエびんせん」(写真/松島トモ子)　『少女』年不明　1月号

付録コレクション

文房具

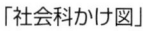

「社会科かけ図」　『少女』昭和30年5月号付録

「新学期の学習せいりぶくろ」（松島啓介／画）『なかよし』昭和34年5月号付録

進級祝いの「鉛筆ケース」や、これをつければお勉強が楽しくなるという「ブックカバー」、社会科に強くなる「世界めぐりすごろく」、お道具をきれいに整理整頓できる「お勉強整理箱」等々。

昭和三〇年代は「教育的であるべき児童雑誌が、こんなにマンガを載せるのは許せない」と「識者」や「父兄」からマンガが厳しい批判を浴びている時代でした。こうした「お勉強」「学習」の文字を使った付録は、少女雑誌に対して少しでも理解を得たいという編集者の熱意のあれわれといえるでしょうか。

「お勉強下じき」（松本昌美／画）
『少女』昭和26年7月号付録

「花の手箱」
『少女クラブ』
昭和26年7月号付録

「こけしさん状さし」
『なかよし』昭和37年2月号付録

昭和30年代後半、4月号や5月号の付録には進級のお祝いにネームカードやしおり、ペンケースなどがセットにされた進級文具セットがつけられました。

社会科に
強くなる!!
世界めぐりすごろく
●あたまのよくなる!
お友だちさがしゲーム
少女ブック
2月号ふろく
お友だち
さがし
ゲーム
★ノート・ジャケット★
おめでとうカード
うらないしおり
あなたは、勉強が楽しくなります。
ブックカバー・セット
少女クラブ10月号ふろく
自由帳にも、サイン帳にもつかえる
少女ノート
●新学期とくべつプレゼント!
きれいな文字が
デージイ
教科書カバー
新学期用
少女5月号ふろく

付録コレクション
レターセット

「ひとみ　びんせん」（内藤ルネ／画）
『ひとみ』年不明　夏増刊号付録

「秋のレター・セット」（内藤ルネ／画）
『少女クラブ』昭和34年9月号付録

「青い鳥レターセット」
（内藤ルネ／画）
『少女ブック』
昭和37年5月号付録

「レターセット
パリのおじょうさん」（内藤ルネ／画）
『少女ブック』
昭和35年6月号付録

レターセットは、戦前から少女雑誌の定番付録であり、いつの時代も人気の高い付録でした。そのためレターセットを彩るのは、その時代の人気作家でなければなりませんでした。

戦前では、抒情画家として一世を風靡していた高畠華宵や蕗谷虹児、中原淳一。戦後は、松本昌美や勝山ひろし、藤井千秋、内藤ルネや田村セツコなど。

これらのレターセットは、もちろん実際に使うこともありましたが、その美しさ、かわいさゆえに、使わずにとっておく子も多かったようです。

内藤ルネ（ないとう・るね）
昭和7年（1932）、愛知県生まれ。昭和27年中原淳一に呼ばれて上京し、ひまわり社に入社。『ひまわり』『それいゆ』の編集を手伝いながら、小カットなどを描くようになる。同29年、『ジュニアそれいゆ』創刊と同時に主要メンバーとなり、イラスト・人形作品を掲載。この頃から39年頃まで、『少女クラブ』『少女』『りぼん』『なかよし』など少女雑誌各誌の口絵、付録、イラスト作品を多数手がける。昭和36年頃から50年代まで、マスコット人形・食器・インテリア雑貨・キャラクター文房具などをデザイン、多数製品化される。

「金の手箱」
『なかよし』
昭和34年
9月号付録

「舞子さんカード」
（勝山ひろし／画）
『少女クラブ』昭和33年11月号付録

付録コレクション
クリスマスグッズ

クリスマスの付録は、少女雑誌からのプレゼント。この付録があればクリスマスツリーやキャンドルが家になくても、気分はもうクリスマス。

女の子はイベントが大好きです。そして一年にいくつかあるイベントの中でもとくにクリスマスは、女の子のロマンティックな夢を演出する要素が詰まっているものとして重要でした。少女雑誌は毎年一二月号の付録には、必ずこのクリスマス関連の付録をつけていました。

定番のクリスマスカードやシールのほかに、小さなミニツリーができあがる組み立て付録、本物の天使のような外国の少女のカード、かわいいマスコットがついたクリスマスプレゼントセットなど、どれもみな輝いて見えました。

クリスマスセット
プレゼント
RIBON
MERRY CHRISTMAS
りぼん12月号ふろく
MERRY! CHRISTMAS
Merry Christmas
MERRY C
しんじゅのカード
少女クラブ
マスコットえはがき
Merry Christmas
RIBON クリスマスプレゼント ③
MERRY CHRISTMAS

column

付録の予告

どの雑誌も読者獲得のための要素として、付録を重要視していました。そのため、来月号のお知らせにも本誌内容の予告とは別に、付録の予告ページを大きくとっていました。

いかにオリジナルな付録であるかPRし、人気の小説のヒロインやマンガのキャラクターを宣伝に使い、数の多さを訴えたりと、編集者の奮闘ぶりがうかがえます。一方読者は、この予告を見て自分のほしい付録がついているかどうか、一喜一憂していました。

んでくれる……
つの中で 手芸を
おしゃれ手芸は、
ふろく です。
いままでふろくについたこともない、こんなにりっぱな手芸リボンが、二本もつきます。ブルーとオレンジのすばらしい手芸材料です。
手芸にはかかせないビニール・ビーズ
糸まき
(122)

次号付録の予告
『少女クラブ』
昭和37年1月号

次号付録の予告
『少女クラブ』
昭和37年10月号

少女クラブは2月号でも　たのしみをは
さむい冬がやってきました。あなたは、おげんき。
するのってなかなかすてきよ。少女クラブ2月
頭のてっぺんから、足のさきまでのおしゃれができる、すて
つぎのページへ
こんなすてきなピンクッションもつくれます
手芸リボンは、この糸まきにまいて使います。
左のカードを見て手芸をすれば、たのしい手芸がすぐできます。
つくり方をわかりやすく説明してあるカラーのカード。
小さくてかわいい小花のアップリケ
これが少女雑誌のプリンセスがおくる
七つのおしゃれ手芸
おしゃれ手芸の中みは、手芸リボン二本（オレンジとブルー）、ビニールビーズ、スパンコール、小花のアップリケ、糸まき、たのしい手芸カード、使い方のヒントの七つです。ご期待ください。

少女舞踊家　松島奉子（トモ子）さん
『少女クラブ』昭和28年1月号

5
憧れの少女スター

「ないしょできいたスターのおしゃべり」
田村セツコ／画
『少女クラブ』
昭和37年9月号

新しいアイドルの誕生

昭和二〇～三〇年代にかけて、「少女スター」と呼ばれる少女たちのアイドルがいました。

川田孝子、川田美智子、伴久美子、美空ひばり、畠野世紀子、近藤圭子、白鳥みづえ、古賀さと子、松島トモ子、田端典子、安田祥子、鰐淵晴子等々。彼女たちの多くは、童謡歌手と呼ばれる少女たちでした。

昭和二一年（一九四六）八月、NHK放送で流れた川田正子の歌う「みかんの花さく丘」が大ヒットとなりました。以後数多くの童謡がラジオで放送されるようになりまし

「ピアノにのって…」バイオリンをひく
鰐淵晴子ちゃん　『少女』昭和31年5月号

少女音楽家　鰐淵晴子さん
『少女クラブ』昭和28年1月号

童謡歌手　古賀さと子さん　童謡歌手　田端典子さん　『少女クラブ』昭和28年1月号

たが、その童謡を歌っている少女たちを、当時「童謡歌手」と呼んでいました。その歌声は、ラジオの普及とともに全国に知られるようになりました。レコードやラジオでの人気に比例して少女雑誌でも頻繁に取り上げられるようになり、たちまち少女たちのアイドルとなりました。

こうした彼女たちの人気ぶりから、映画の子役やバレエ教室に通う少女など歌手以外の少女たちにも目が向けられるようになり、その中から新しいアイドルが誕生しました。

その一人が、松島トモ子です。石井漠舞踊研究所でレッスンに励む彼女の姿がニュース映画に映ったことから、当時の人気俳優・阪東妻三郎の目にとまり、彼の映画「獅子の罠」に子役として出演。それが少女雑誌に出るきっかけとなりました。

また、音楽家だった父の影響でバイオリンを習っていた鰐淵晴子は、家族みんなで演奏旅行をしている最中、コンサートにきていた少女雑誌の編集者にモデルをやらないかと声をかけられ『少女ブック』のモデルとしてデビューしました。彼女はその後映画「ノンちゃん雲にのる」に出て一躍人気スターになりました。

歌に踊りに映画にと活躍する彼女たちの可憐な姿は読者をたちまち魅了し、童謡歌手も映画の子役も含めたその存在は少女スターとして、少女の憧れの的となりました。

雑誌を彩った少女スター

少女雑誌では、彼女たちの活動を報告する記事を毎号掲載し、同時にさまざまな衣装を着せて、グラビアアイドルとして雑誌巻頭を飾りました。また、二〇年代後半より、彼女たちを俳優にしたてつくった写真小説、映画小説、テレビ小説などと銘うった物語も頻繁に掲載され、また彼女たちの生い立ちを物語にした小説やマンガも数多く誕生しました。

昭和三〇年前後からは、雑誌の表紙がみな、少女スターの写真に代わっていきました。光文社の『少女』は松島トモ子を、講談社の『少女クラブ』は近藤圭子を、同社の『なかよし』は小鳩くるみを、集英社の『少女ブック』は鰐淵晴子を、同社の『りぼん』は浅野寿々子を、とそれぞれ決まった少女を採用して、個性を出していました。ただし、これは表紙だけにいえることで、中に掲載される特集記事やグラビア、付録には、それぞれが均等に出演していました。

なお、大人になった美空ひばりや江利チエミ・雪村いづみや、映画女優、宝塚スターなども、昭和三〇年代にはお姉さまスターとして少女スターとともに少女雑誌にたびたび登場して人気を博しました。

ところで昭和三〇年の『少女』五月号に「大きくなったら こんな人になりたい!」という記事があります。『少女』読者二五六人から届いたその回答は、一位が「映画スターになりたい」、二位が「流行歌手になりたい」、三位が「先生になりたい」でした。それぞれの回答には、「美空ひばりさんのようになっておかあさんをらくにさせてあげたい」「私は松島トモ子さんのようなスターになりたい」といったコメントがついています。いかに彼女たちの存在が少女たちの希望になっているかがわかるとともに、まだまだ貧しい日本の姿がかいま見えます。

昭和二〇年代から三〇年代にかけては、人々の娯楽に対する要望が高まると同時に、ラジオやテレビ、映画といったメディアが発達していった時代でした。そうした媒体とともに成長していったこの少女スターブームですが、有力な媒体であった月刊少女雑誌の衰退が始まると、運命をともにするようにそのブームもしだいに終息していきました。

最後に蛇足になりますが、戦前にも少女アイドルのブームはありました。その一人が昭和九年(一九三四)、映画デビューしたシャーリー・テンプルです。彼女はこのときわずか五歳でした。両の頬に出る笑窪(えくぼ)とくるくるとカールしたブロンドが愛らしいテンプルちゃんは〝世界のお人形〟といわれ、日本でも異常な人気を呼びました。当時は、「子どものヘアスタイルをテンプルちゃんそっくりに」と美容院にいくお母さんが続々現れたり、テンプルちゃん人形などもつくられました。

またこの頃、獅子文六の小説「悦ちゃん」が映画化される際、主役の悦ちゃん役に選ばれた江島瑠美が芸名をそのまま「悦ちゃん」としてデビューしました。そのとき彼女は「日本のテンプルちゃん」として報道され、一躍アイドルとなりました。同じ頃、小学生の童謡歌手・河村順子(昭和一二年には小学六年生)もアイドル歌手として人気を博し、彼女のちょっとカールしたヘアスタイルは、少女たちの間で大流行となりました。

「松島トモ子・主演ＴＶまんが　えくぼちゃん」　『少女』昭和35年3月号付録

松島トモ子（まつしま・ともこ）
阪東妻三郎の映画に子役出演したことがきっかけで、少女雑誌に登場するようになった。その愛らしい笑顔が昭和20〜30年代の少女雑誌を席巻した。子役としても映画界で大活躍し、膨大な母ものシリーズに出演し、全国の少女たちの頰を涙で濡らした。他にも、「鞍馬天狗」「快傑黒頭巾」など時代ものにも多数出演。

「映画とまんが　おたのしみブック」
『少女ブック』昭和34年新年増刊号付録

「松島トモ子増刊」
『少女』昭和33年3月増刊号

「写真物語　みどりの小箱」　『少女クラブ』昭和28年1月号

「少女クラブ特写　仲よし写真ニュース」　『少女クラブ』
昭和28年正月増刊号

「仲よしアルバム」
『少女ブック』年不明　付録

「母子草」（小糸のぶ／原作、浅野寿々子）
『りぼん』昭和38年8月号付録

タイル
小川きよのちゃん
どこにおでかけかしら。黄色がよくおにあいです。
えりのアップリケが、とてもすてきね。
上田みゆきちゃん

6 おしゃれページの魅力

おしゃれ願望が生んだページ

つねに変わらない少女たちの、美しく装いたい、または流行のモードを追い求めたいというおしゃれ願望は、少女雑誌におしゃれページを生み出しました。

戦後の少女雑誌を見ていくと、昭和二四年（一九四九）頃には、お正月のよそおいをはじめ、

夏のス
それから形はどんなのにしましょうか？
かわいい水玉もよう。
まるで夢のようね。
白いレースが、すばらしく
きれいだこと。
おうちでのあそび着
見るからにすずしそう

「夏のスタイル」　『少女』昭和31年夏増刊号

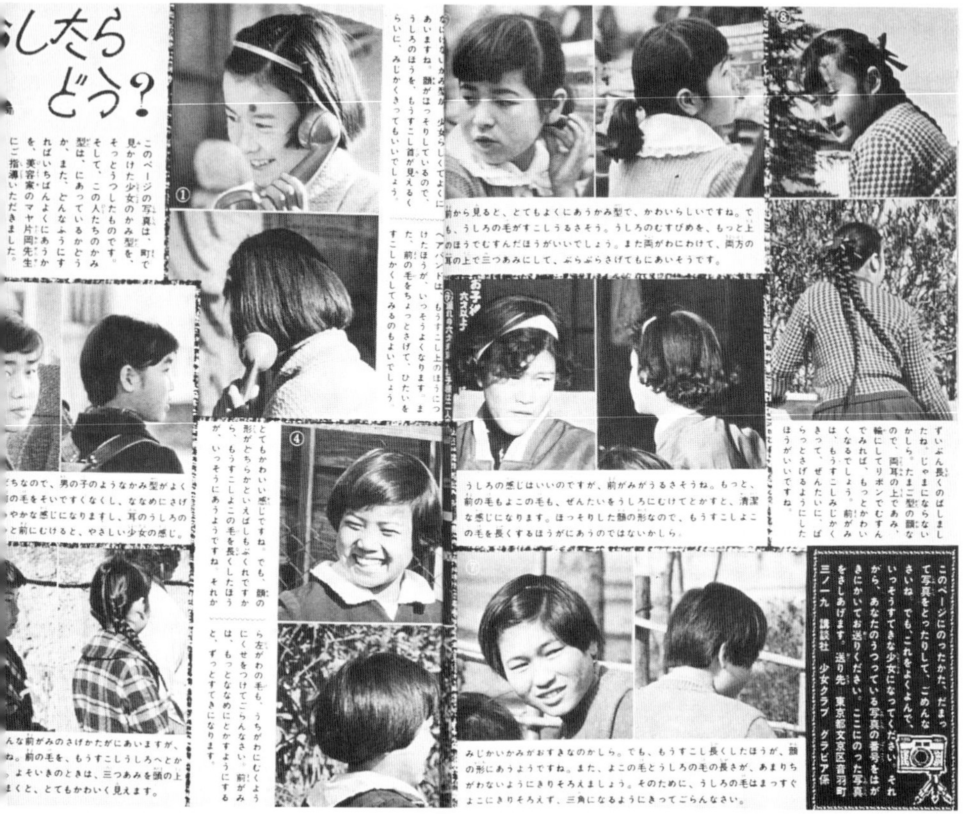
しどたら
どう？

このページの写真は、町で見かけた少女のかみ型を、そっとうつしたものです。そして、この人たちのかみ型は、にあっているかどうか、また、どんなふうにすればいちばんよくにあうかを、美容家のマヤ片岡先生にご指導いただきました。

①

なにげないかみ型が、少女らしくてよくにあいますね。顔がほっそりしているので、うしろのほうを、もうすこし首が見えるくらいに、みじかくきってもいいでしょう。

ヘアバンドは、もうすこし上のほうにつけたほうが、いっそうよくなります。また、前の毛をちょっとさげて、ひたいをすこしかくしてみるのもよいでしょう。

前から見ると、とてもよくにあうかみ型で、かわいらしいですね。でも、うしろの毛がすこしうるさそう。うしろのむすびめを、もっと上のほうでむすんだほうがいいでしょう。また両がわにわけて、両方の耳の上で三つあみにして、ぶらぶらさげてもにあいそうです。

ずいぶん長くのばしましたね。じゃまにならないかしら。たまご型の顔なので、両耳の上であみ、輪にしてリボンでむすんでみれば、もっとかわいくなるでしょう。前がみは、もうすこしみじかくきって、ぜんたいに、ぱらっとさげるようにしたほうがいいですね。

…ちなので、男の子のようなかみ型がよく…の毛をそいですくなくし、ななめにさげ…やかな感じになりますし、耳のうしろの…と前にむけると、やさしい少女の感じ。

④

とてもかわいい感じですね。でも、顔の形がどちらかといえばしもぶくれですから、もうすこしよこの毛を長くしたほうが、いっそうにあうようですね。それから左がわの毛も、うちがわにむくようにくせをつけてごらんなさい。前がみは、もっとななめにとかすようにすると、ずっとすてきになります。

うしろの感じはいいのですが、前がみがうるさそうね。もっと、前の毛もよこの毛も、ぜんたいをうしろにむけてとかすと、清潔な感じになります。ほっそりした顔の形なので、もうすこしよこの毛を長くするほうがにあうのではないかしら。

…んな前がみのさげかたがにあいますが、…ね。前の毛を、もうすこしうしろへとか…よそいきのときは、三つあみを頭の上…まくと、とてもかわいく見えます。

みじかいかみがおすきなのかしら。でも、もうすこし長くしたほうが、顔の形にあうようですね。また、よこの毛とうしろの毛の長さが、あまりちがわないようにきりそろえましょう。そのために、うしろの毛はまっすぐよこにきりそろえず、三角になるようにきってごらんなさい。

このページにのったかた、だまって写真をとったりして、ごめんなさいね。でも、これをよくよんで、いっそうすてきな少女になってください。それから、あなたのうつっている写真の番号をはがきにかいてお送りください。ここにのった写真をさしあげます。送り先　東京都文京区音羽町三ノ一九　講談社　少女クラブ　グラビア係

「こうしたらどう？」『少女クラブ』昭和36年4月号

季節ごとのさまざまな洋服のコーディネートを紹介するコーナーが掲載されるようになっています。

　やがて戦後の復興が進むなかで、おしゃれページを扱う雑誌も増え、掲載される内容も洋服のことだけではなく、時には美容院の先生にアドバイザーとなってもらい髪型のチェックをしたり、新しいスタイルの帽子のかぶり方などを紹介したりと、バリエーションも増えていきます。これらのおしゃれページには、各誌とも、松本昌美や江川みさお、勝山ひろしや藤井千秋といった人気のさし絵画家を起用して時に華やかに、時には清楚にと描き分け、少女たちの関心を誘いました。

　松島トモ子、鰐淵晴子ら少女スターたちが誌面を賑わし始めると、やがて彼女たちがモデルとなってさまざまな着こなし方や流行のスタイルを伝えるおしゃれページも誕生しました。憧れの少女スターがモデルとなることで、おしゃれページは、読者の興味をそそるページとして巻頭に掲載されることが多々ありました。

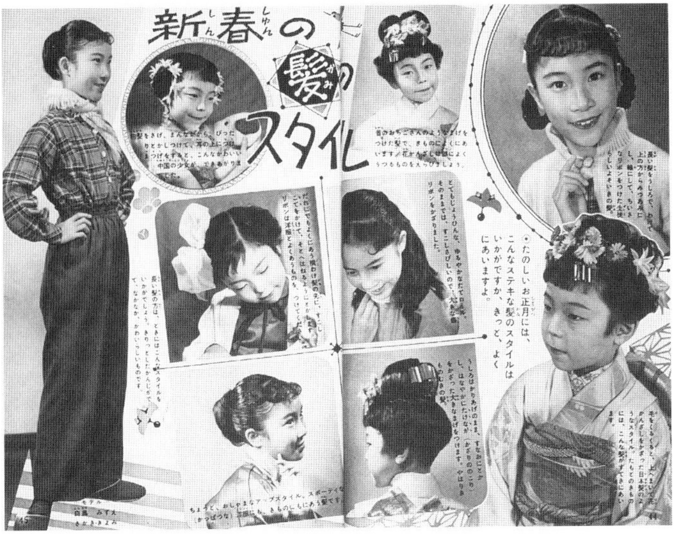

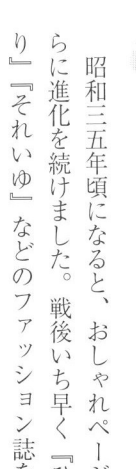

「新春の髪のスタイル」
『少女ブック』
昭和31年1月号

主人公のスタイル画

昭和三五年頃になると、おしゃれページはさらに進化を続けました。戦後いち早く『ひまわり』『それいゆ』などのファッション誌を創刊した中原淳一に影響を受けたイラストレーター・田村セツコによるファッション・美容・手芸・マナーなどの暮らしのアイデアを紹介した「おしゃれページ」が誕生しました。ちょっとコミカルでキュートなセツコのキャラクターによるおしゃれ情報は、読者の共感を呼んで大好評となりました。

また、おしゃれのアドバイスを掲載した別冊付録「おしゃれ手帳」やスタイル画を載せた「スタイルしおり」などの付録も登場するようになりました。

マンガのページに主人公の少女のスタイル画を大きく掲載する高橋真琴のマンガが登場すると、これがその後のマンガにも影響を与え、主人公のスタイル画を掲載することがこの頃の少女マンガの大きな特徴となりました。読者は、これらの主人公のファッション画を毎号楽しみにしていました。

そのほかにも主人公が着た洋服を抽選で読者にプレゼントする企画、スタイル画を一般の読者から募集したり、ミシン会社の宣伝を兼ねて「あなたはどの洋服がおすき？」と読者にうったえる企画など、さまざまな試みがなされていくようになりました。

世の中が豊かになっていくにつれ、つきることのない少女たちのおしゃれ願望を満たしてくれるおしゃれページは、少女雑誌において欠かせないものとなりました。昭和三八年（一九六三）を境に少女誌の週刊誌化が始まりますが、おしゃれページは引き継がれ、いっそう積極的に掲載されるようになっていきました。

「11月のおしゃれ」（藤井千秋／画）　『なかよし』昭和31年11月号

リボンのかざりが、とてもひきたつ、よそゆきのぼうし。
どれがおすき
長いかみにむすんだリボンと、花のかざりが、とてもよくうつる、かわいい、お正月の、よそゆき着。……では、これをめくってください……。
むねのリボンと、スカートのひだが、よくつりあった、お正月のワンピース。
あかい、かわいいハンドバッグ。
はなかざりの、とてもかわいいぼうし。
江川みさお・え

「どれがおすき」(江川みさお／画)　『なかよし』昭和32年11月号

お正月のための

スカートとブラウスのおしゃれ

お正月は晴着！ときまってるわけではありません　スカートとブラウスだけで、こんなすばらしい新年のおしゃれができるんです！　さあ、あなたにあったスタイルはどれかしら？

美しいブルーのモヘヤスカートとグリーンの花ししゅうがあるブラウス。さびしそうな感じの人もパッと明るくみえます。

2　残念賞／毛糸ショール・10名

黒地にトナカイのもようがあるあたたかいスカートとレースの花かざりのブラウス。およばれの時には、毛糸のショールを。とてもロマンチックですね。

胸のししゅうが、すごくデラックスね　スカートはモヘヤのタータンチェック　同じ布でヘヤーバンドをすると、すてきなおしゃれができます。

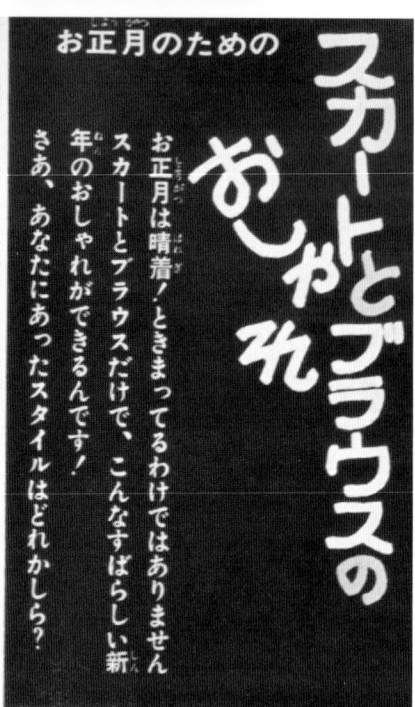

●このページにあるお洋服は全部当ります
残念賞として写真2のショールが10名に当ります
●懸賞のくわしいきまりは150ページにあります。
やわらかなビロードのスカートは、あなたを美しいプリンセスにしてくれます。クリーム色のブラウスには、スカートと同じブルーのししゅうをしました。これに髪かざり、アクセサリーをつければ、あなたのお正月のスタイルは、だんぜんステキ！

「スカートとブラウスのおしゃれ」　『少女ブック』昭和38年1月号

7 少女たちを魅了した雑誌の数々

昭和29年12月号表紙　松本昌美／画

『少女の友』（実業之日本社）

明治41年（1908）2月創刊の月刊誌。抒情性を主とした娯楽・教養・投稿誌として小学上級生から女学生（現在の中・高生）を対象に発行。昭和に入り、抒情性の中に文化的香気の高い誌面作りがなされるようになった。吉屋信子、由利聖子、川端康成、芹沢光治良らによる少女小説の秀作が掲載され人気を博した。

また、中原淳一が描く憂いを帯びた大きな瞳のほっそりとした少女画による表紙・口絵、さし絵や、松本かつぢの明るく都会的センスの抒情画が読者を魅了した。戦後は、松本昌美の表紙に宝塚歌劇のグラビア、吉屋信子、大仏次郎の小説などに人気が集まった。戦前同様の抒情性と教養の維持に努める一方、少女スターやマンガの人気に押され、他誌と同様に手塚治虫等のマンガや少女スターたちのグラビアを掲載するなど時流に合わせた内容も掲載するが、戦後の読者の傾向と隔たりを生じ、昭和30年（1955）6月終刊した。

昭和30年10月号表紙
近藤圭子

『少女クラブ』（講談社）

大正12年（1923）1月創刊の月刊誌。創刊時は『少女倶楽部』であったが、昭和21年4月号より『倶楽部』をカタカナに改題。大正末頃より長編小説を中心に編集、吉川英治、佐藤紅緑、大仏次郎、吉屋信子などそうそうたる執筆者の小説に、須藤しげる、山口将吉郎、加藤まさをらがさし絵を手がけ、読者の人気が集まった。

戦後は、戦前期から人気の抒情画家・蕗谷虹児や松本かつぢらの口絵や絵物語を掲載するほか、西条八十や堤千代、久米元一、小糸のぶらの少女小説を掲載し人気を博す。

昭和28年（1953）に、手塚治虫のマンガ「リボンの騎士」を掲載するほか、石森章太郎、赤塚不二夫、水野英子ら新人マンガ家の起用などマンガの掲載に積極的であった。なかでも水野の手がけた「星のたてごと」は北欧神話を元にしたラブロマンスで、その画期的内容がのちの多くのマンガ家に影響を与えた。視覚化時代に向け30年7月号よりA5判からB5判に変えた。昭和37年（1962）12月、終刊。以後、週刊少女誌『少女フレンド』が後続した。

昭和23年12月号表紙
中原淳一／画

『ひまわり』（ひまわり社）

昭和22年（1952）1月創刊。抒情画家・中原淳一刊行の季刊女性雑誌『それいゆ』の姉妹誌として創刊された十代の少女のための月刊誌。中原は、戦後貧困で、夢を忘れてしまった女性が多くいることを嘆き、すべての女性に美しく、かしこく、やさしい、そしてものを考えることのできる女性になってほしい、それにふさわしい少女時代を送ってほしい、との願いからこの『ひまわり』を創刊。

中原は編集に加え、全巻の表紙のほか、口絵や影絵物語、小説さし絵なども自ら手がけ読者を魅了した。また、戦前淳一が『少女の友』で執筆していた「女学生服装帖」の戦後版「みだしなみせくしょん」も少女たちの強い支持を得た。

連載小説では、川端康成、菊田一夫、北条誠、村岡花子らが手がけ人気を博した。また、淳一以外に蕗谷虹児、松本かつぢ、鈴木悦郎、玉井徳太郎、高井貞二、長沢節などがさし絵、口絵、カットを手がけた。昭和27年（1952）12月終刊。

明治〜昭和期に発行された月刊少女雑誌一覧

雑誌名・(発行所)	創刊年月号	終刊年月号
『少女界』（金港堂書籍）	M35.4	?（終刊年不明）
『女子文壇』（女子文壇社）	M38.1	T2.8
『少女世界』（博文館）	M39.9	S6.10
『少女の友』（實業之日本社）	M41.2	S30.6
『少女画報』（東京社）	M45.1	S17.1→ S17.3『少女の友』に統合
『新少女』（婦人之友社）	T4.4	T8.12
『小学少女』（研究社）	T8.5	S3.3
『小学女性』（實業之日本社）	T8.10	T12.9
『女学生』（研究社）	T9.5	?（終刊年不明）
『令女界』（宝文館）	T11.4	S25.9
『少女倶楽部』（講談社）	T12.1	S37.12→『週刊少女フレンド』に引き継がれる。
『若草』（宝文館）	T14.10	S25.2
『少女の国』（成海堂）	T15.1	?（終刊年不明）
『新女苑』（實業之日本社）	S12.1	S34.7
『ひまわり』（ひまわり社）	S22.1	S27.12
『少女』（光文社）	S24.2	S38.3
『少女ロマンス』（明々社）	S24.7	S26.8
『女学生の友』（小学館）	S25.4	S52.12→ S53.1から『プチセブン』と改題。
『少女サロン』（偕成社）	S25.6	S30.7
『少女ブック』（集英社）	S26.9	S38.5→『週刊マーガレット』に引き継がれる。
『なかよし』（講談社）	S30.1	現在
『りぼん』（集英社）	S30.1	現在

＊『少女倶楽部』は昭和21年4月に『少女クラブ』と改称
＊『令女界』昭和19年5月休刊〜21年3月再刊
＊『若草』昭和18年12月休刊〜21年3月再刊

昭和30年
1月号表紙
松島トモ子

『少女』（光文社）

昭和24年（1949）2月創刊の月刊誌。24年5月号から連載を開始した倉金章介のマンガ「あんみつ姫」が大ヒット。また戦前『少女の友』で連載されていた松本かつぢのマンガ「くるくるクルミちゃん」を引き継ぎ連載。この二つのマンガの主人公“あんみつ姫”と“クルミちゃん”は同誌のイメージキャラクターとして人気を博し長期連載された。

同誌では、当時大人気の少女スター・松島トモ子を、昭和28年10月から35年3月までの6年5か月間表紙に起用したほか、巻頭グラビアや写真小説などにも起用し、読者を喜ばせた。

また当時少女雑誌で人気だったメロドラマ的少女小説のほかに実話小説を積極的に掲載して読者の高い関心を呼んだほか、30年代に入ると、今村洋子のマンガ「チャコちゃんの日記」、高橋真琴のバレエマンガ「プチ・ラ」や牧美也子のマンガ「少女三人」などのヒット作を生み、少女誌のトップを走る人気雑誌となる。しかし、少女誌の週刊誌化の流れには逆らえず昭和38年（1963）3月終刊。

『少女ブック』（集英社）

昭和31年1月号表紙　鰐淵晴子

昭和26年（1951）9月創刊の月刊誌。創刊当初から当時異例のB5判で発行。創刊当初は同時期の他誌と同様、小説や絵物語を中心に掲載していたが、徐々に少女スターのグラビアや写真物語などを多数掲載するようになる。

なかでも鰐淵晴子を表紙やグラビア、写真小説、付録に多用。また、「総天然色写真絵巻」と題して、当時人気の少女スターたちを名作物語の主人公にしたて豪華なドレスや十二単を着せて写した、写真とさし絵を組み合わせた写真物語を雑誌巻頭に掲載して評判を呼んだ。30年代に入り、ストーリーマンガの時流にのってマンガの掲載が多くなる。

わたなべまさこが32年8月より「山びこ少女」を連載し人気を博すと、以後同誌では、看板マンガ家として途切れなくわたなべのマンガを掲載するようになる。昭和38年（1963）5月休刊し、『週刊マーガレット』に引き継がれた。

『女学生の友』（小学館）

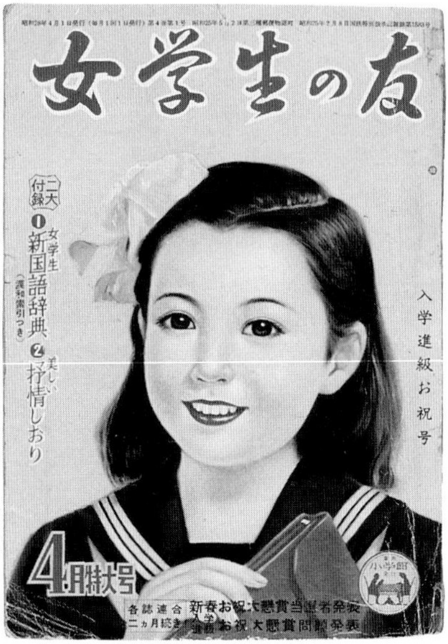

昭和28年4月特大号表紙　岩崎良信／画

昭和25年（1950）4月、前年創刊の『小学生の友』に続き創刊。当初は変形A5判で、西条八十の詩、吉屋信子の小説、村岡花子の翻訳などが中心で学習ページなども掲載していた。創刊当初から連載の松下井知夫の長編マンガ「クイン・モナの冒険」が好評を得、その後も松下の「人魚トトの冒険」を連載。

5月には、のちに少女雑誌界を席巻するさし絵画家・勝山ひろしを得る。勝山は、すぐに小説さし絵のほか、口絵、巻頭絵物語などで活躍、人気を博す。とくに勝山がさし絵を手がけた西条八十の探偵小説「あらしの白ばと」は大人気となった。40年頃よりジュニア小説が主流となり、別冊版、デラックス版も創刊。

昭和42年1月『ジュニア文芸』（『別冊女学生の友』の改題）創刊とともに、小説中心から「おしゃれとアイドルのティーン雑誌」と銘うつファッション誌へと変わり、昭和53年（1978）1月以降は『プチセブン』と改題。

『少女サロン』（偕成社）

昭和25年10月特大号表紙　花房英樹／画

昭和25年（1959）6月創刊の月刊誌。創刊当初より円地文子、柴田錬三郎、山本周五郎、高木彬光、檀一雄、山岡荘八などそうそうたるメンバーが小説を連載。

また、さし絵陣も蕗谷虹児、松本かつぢ、佐藤漾子、伊勢田邦彦、勝山ひろしと人気画家をそろえて誌面を飾った。とくに、27年前後は、勝山ひろしや佐藤漾子、松本かつぢらによる巻頭絵物語が人気を呼んだ。

また、26年より連載の、倉金章介のマンガ「ピカドン娘」が人気を博したほか、入江しげるの「えくぼのポッ子」なども連載するが、他誌がA5判からB5判に変更し視覚化を進めるなかで部数が凋落し、昭和30年（1955）7月終刊した。なお、同誌の執筆陣からは、作家の瀬戸内寂聴、山本藤枝、画家の井江春代、遠藤てるよらが輩出している。

昭和25年6月号表紙　池田かずお／画

『少女ロマンス』
（明々社→のちの少年画報社）

昭和24年（1949）7月創刊の月刊誌。明々社発行の月刊少年雑誌『冒険活劇文庫（後の『少年画報』）』の妹誌として創刊された。表紙にデビュー間もないさし絵画家・池田かずおを起用し、その繊細で可憐な少女画が人気を得た。池田かずおは、その他同誌のさし絵、口絵、カットなども手がけている。

また、松本かつぢ、高畠華宵、加藤まさをや伊勢田邦彦、鈴木悦郎、童画家の初山滋やマンガ家の上田としこらが活躍。巻頭の絵物語では、カラー絵の部分を貼り込みにして、その絵をあとではがせるようにしたり、巻末に手芸やおしゃれページをつくるなど、他誌とは異なる繊細で丁寧なつくりの少女誌であったが、昭和26年8月終刊となる。

『りぼん』（集英社）

昭和30年（1955）1月創刊の月刊誌。同社発行の『少女ブック』の妹誌として創刊された。創刊当初は、勝山ひろしや江川みさおのさし絵による小説や絵物語が人気だったが、30年代中期よりマンガ中心となっていく。

初期のマンガは、『少女』で人気を博した「あんみつ姫」が連載を再開したほか、入江しげるや益子かつみらによるユーモアマンガが多かった。中期には、横山光輝の「おてんば天使」や赤塚不二夫の「ひみつのアッコちゃん」などが人気を得た。

昭和35年には、牧美也子の「マキの口笛」が大人気を博し、主人公にファンクラブができるほどの一大ブームとなった。

昭和40年代以降は、巴里夫の「5年ひばり組」が人気を得たほか、もりたじゅん、一条ゆかり、土田よしこ、陸奥A子、田渕由美子、太刀掛秀子など次世代のマンガ家による作品が人気を博した。

昭和33年1月号表紙　浅野寿々子

昭和31年3月号表紙　小鳩くるみ

『なかよし』（講談社）

昭和30年（1955）1月創刊の月刊誌。同社発行の『少女クラブ』より下の学年層をターゲットとした妹雑誌。

創刊当初、巻頭に勝山ひろしの短編絵物語を掲載し好評を博した。また手塚治虫が「とんから谷物語」「虹のとりで」「こけし探偵局」「野ばらの精」のほか、姉誌『少女クラブ』の人気マンガ「リボンの騎士」を同誌でも再連載し、人気を博した。

中島利行の「そよ風さん」や山田えいじの「ペスよおをふれ」など、男性マンガ家が中心であったが、30年代後半には、赤松セツ子や牧美也子、わたなべまさこら女性マンガ家が活躍し人気を集めた。

昭和40年代以降は、本誌からデビューした里中満智子や萩尾望都をはじめ、いがらしゆみこ、高階良子、志摩ようこ、高橋千鶴らが登場し、女性作家ならではの華麗なマンガが人気を博した。

参考文献

『講談社の歩んだ50年』1959　講談社
『マンガと子ども』1961　滑川道夫　牧書店
『日本児童文学』第十巻第六号　特集・児童マンガと児童雑誌　1964　日本児童文学者協会／編　宣協社
『児童文化の現代史』1968　菅忠道　大月書店
『ファッションと風俗の70年　婦人画報創刊70周年記念』1975　婦人画報社
『別冊一億人の昭和史　昭和流行歌史』1977　毎日新聞社
『おしゃれの文化史　PARTⅡ』1977　春山行夫／著　資生堂総合美容研究所／企画編集　平凡社
『別冊一億人の昭和史　昭和の流行歌手』1978　毎日新聞社
『薔薇の小部屋』第一巻通巻一号　特集・なつかしの少女雑誌　1978　第二書房
『少女の明るい夢を追求　松本かつぢの世界』1985　サンリオ
『七里ヶ浜パヴロバ館』1986　白浜研一郎　文園社
別冊太陽『子どもの昭和史　昭和10年―20年』　1987　平凡社
別冊太陽『子どもの昭和史　昭和20年―35年』　1987　平凡社
『児童文学事典』1988　日本児童文学学会／編者　東京書籍
『皆がＮＯならやってみろ』1990　黒崎勇　リヨン社
別冊太陽『子どもの昭和史　昭和35年―48年』　1990　平凡社
『少女雑誌論』1991　大塚英志／編　東京書籍
『縮刷版　大衆文化事典』1991　引文堂
別冊太陽『子どもの昭和史　少女マンガの世界Ⅰ』1991　米沢嘉博／構成　平凡社
別冊太陽『子どもの昭和史　少女マンガの世界Ⅱ』1991　米沢嘉博／構成　平凡社
『毎日小学生新聞にみる子ども世相史』1997　毎日新聞社学生新聞本部／編　ＮTTメディアスコープ
別冊太陽『美しく生きる　中原淳一　その美学と仕事』　1999　平凡社
別冊太陽『子どもの昭和史　おまけとふろく大図鑑』　1999　平凡社
『近代子ども史年表1868―1926　明治・大正編』2002　下川耿史　河出書房新社
『近代子ども史年表1926―2000　昭和・平成編』2002　下川耿史　河出書房新社
『明治・大正家庭史年表』2000　下川耿史・家庭総合研究会編　河出書房新社
『昭和・平成家庭史年表』2001　下川耿史・家庭総合研究会編　河出書房新社
『少年画報大全』2001　本間正幸／監修　少年画報社
『内藤ルネ　少女たちのカリスマ・アーティスト』2002　内藤ルネ　河出書房新社
『少女時代によろしく』2003　田村セツコ　河出書房新社

協力者一覧（順不同・敬称略）

勝山ひろし　松本弘　牛山昭子　佐藤漾子　岸田はるみ　飯島二郎　糸井登志夫
わたなべまさこ　牧美也子　横山光輝　光プロダクション　赤松セツ子　牧かずま　山田えいじ
高橋真琴　倉金マサ　横木富美江　東浦美津夫　梵天太郎　手塚プロダクション　藤井茂樹
水野英子　細川智栄子　木村静江　江川みさお　古賀透児　中村猛男　谷俊彦　梁川美恵子
玉井良子　安田千万子　石川球太　今村洋子　二森騏　内藤ルネ　田村セツコ　池田かずお
松島トモ子　中原蒼二　三谷薫　西尾雅子　丸山昭

	(マ)「リナ」(ちばてつや『少女クラブ』) 11 (マ)「少女たち」(牧美也子『少女』)	
昭和36年 (1961)	1 「天使のみていたお話」(小糸のぶ・文　斉藤としお・絵『りぼん』) 「耳のある家」(都築道夫・文　勝山ひろし・絵『少女クラブ』) (マ)「しあわせの星」(赤松セツ子『なかよし』) (マ)「石の花」(水野英子『少女ブック』) (マ)「プチ・ラ」(高橋真琴『少女』) (マ)「おかあさま」(わたなべまさこ『りぼん』) 3 (マ)「走れチェス」(水野英子『りぼん』) 4 (マ)「東京プリンセス」(横山光輝『りぼん』) 『ひとみ』(秋田書店)休刊。	8 東京都板橋区で学童保育がスタート。 第1次ベビーブームの子どもが中学を卒業し、高校入学者が激増。 9 少年少女の間で睡眠薬遊び流行。11月、厚生省、未成年者への睡眠薬販売禁止。 11 児童扶養手当法公布。貧困母子家庭の子どもに毎月1人800円の支給。 12 労働省婦人少年局、ゴルフの中学生キャディを労働基準法違反の疑いありと実態調査。 「金の卵」といわれる中卒者の引き抜き合戦激化。レンツ博士(西独)、アザラシ状奇形児の多発を発表。(睡眠薬のサリドマイド発売禁止)
昭和37年 (1962)	1 「あなたのクラスの物語4年3組」(杜山悠・文　杵渕やすお・絵『少女』) 「バレエ物語」(高橋真琴／絵・文『りぼん』) 「ベルを殺さないで」(橋田寿賀子・文　岩田浩昌・絵『少女』) 「砂男」(都築道夫・文　石原豪人・絵『少女クラブ』) 「エルザの歌」(立原えりか・文　岸田はるみ・絵『なかよし』) 「ミヨのなかよし」(山中恒・文　杵渕やすお・絵『なかよし』) 「ごめんあそばせ」(津村節子・文　上条逸雄・絵『少女クラブ』) 「真紀とにいちゃん」(津村節子・文　糸賀君子『少女クラブ』) (マ)「1・2・3と4・5・ロク」(ちばてつや『少女クラブ』) (マ)「ふたりの白鳥」(細川知栄子『少女クラブ』) (マ)「ぺぺも悲しいか」(山田えいじ『りぼん』) 2 (マ)「チューリップくん」(上田としこ『りぼん』) 4 「青い一軒家」(多岐川恭・文　吉田郁也・絵『りぼん』) 5 (マ)「姉妹ふたり」(牧美也子『少女』) 9 (マ)「ミミとナナ」(わたなべまさこ『少女ブック』) 10 (マ)「ルル」(水野英子『少女クラブ』) 12 『少女クラブ』(講談社)終刊。	2 浜松市三方原小学校3年男子が、親にテレビの見過ぎをとがめられ自殺。 5 サリドマイド児が問題化。日本の製薬会社が薬の出荷を停止。9月、販売停止。 7 文部省、小・中学校の全国一斉学力調査実施。 8 法務省『犯罪白書』で少年犯罪の激増を指摘。 11 プラモデルブーム始まる。ゼロ戦、戦艦大和、鉄人28号など人気。 川崎市でカギっ子たちを交通事故から守るため、小学生託児制度がスタート。小学3年生まで無料。 校内暴力、教師への暴力が増加。 鹿児島市内の小・中・高校生の間で小遣い稼ぎのためハトの飼育がブームとなり、飼いバトが1万羽を超える。
昭和38年 (1963)	1 “日本ではじめての少女週刊誌”と銘打ち『少女フレンド』が講談社より創刊される。 (マ)「ユキの太陽」(ちばてつや『週刊少女フレンド』) (マ)「カメリア館」(わたなべまさこ『りぼん』) 「青いヒヤシンス」(津村節子・文　江川みさお・絵『少女ブック』) 「星のめがね」(立原えりか・文　牧美也子・絵『なかよし』) (マ)「くじゃく石」(水野英子『少女ブック』) 3 『少女』(光文社)終刊。 5 月刊『少女ブック』(集英社)終刊。その代わりの位置づけで、週刊少女雑誌『マーガレット』が創刊される。 (マ)「黒水仙」(水野英子『週刊マーガレット』) (マ)「りぼんのワルツ」(牧美也子『りぼん』) (マ)「ひとりぼっち」(牧美也子『なかよし』) 9 「野ぎくの花ことば」(三木澄子・文　糸賀君子・絵『女学生の友』) 10 (マ)「ぺこ先生」(上田としこ『りぼん』) (マ)「亜紀子」(わたなべまさこ『週刊マーガレット』) (マ)「泣くなパリっ子」(細川知栄子『週刊少女フレンド』)	1 フジテレビ、アニメ「鉄腕アトム」の放送開始。子どもに人気。 4 小学校新入生に教科書の無償配布。昭和40年4月1日から小学5年生にまで拡大。小・中学校に牛乳昼食開始。 7 厚生省、全国家庭児童実態調査実施。児童2人の家庭が38%、児童のいる家庭の6%は母子家庭。 10 山梨県甲府市書籍雑誌商組合が不良雑誌の発送中止を取次店に申し入れこれを機に、「悪書追放運動」が始まる。 10 文部省、非行防止対策として学校と警察の連絡強化を通達。 11 広島で胎内被爆児に初の死者。

年	月	作品	月	出来事
		（マ）「あらしをこえて」（高橋真琴『少女』）	10	フラフープ大流行。1本270円、子供用200円。胃に穴があくなどの風評で年末に売れ行き減少。
	2	（マ）「しあわせの鐘」（わたなべまさこ『少女ブック』）	12	文部省、教科書用図書検定基準を告示。
	3	（マ）「赤い火と黒髪」（水野英子・赤塚不二夫・石森章太郎『少女クラブ』）		福島県会津若松市立第1中学校生徒が少年2人に刺されて死亡。
	4	（マ）「三つの珠」（石森章太郎『少女クラブ』）		皇太子（現天皇）と正田美智子の婚約発表で、ミッチーブーム。
		（マ）「ナイルの悪魔」（牧美也子『少女クラブ』）		
	5	（マ）「どこに青い鳥」（東浦美津夫『少女クラブ』）		
	7	「ひまわりさん」（津村節子・文　石原豪人・絵『少女クラブ』）		
		（マ）「ママのバイオリン」（ちばてつや『少女クラブ』）		
	8	（マ）「少女三人」（牧美也子『少女』）		
		（マ）「東京ーパリ」（高橋真琴『少女』）		
	10	「おかあさん物語」（三木澄子・文　岸田はるみ・絵『少女クラブ』）		
		「ねらわれた白鳥」（梶竜雄・文　江川みさお・絵『りぼん』）		
	10	（マ）「くらやみの天使」（U・マイア『少女クラブ』）		
	12	（マ）「みどりの真珠」（わたなべまさこ『少女ブック』）		
		（マ）「北のお空をみてごらん」（水島順『少女』）		
昭和34年（1959）	1	「心に花のさく日まで」（谷いずみ・文　藤形一男・絵『少女ブック』）	1	東京都荒川区内で少年通り魔事件発生。
		「雨のなかの虹」（吉行淳之介・文　藤形一男・絵『りぼん』）	3	『週刊少年マガジン』（講談社）、『週刊少年サンデー』（小学館）創刊。
		「ふぶきのスキー小屋」（梶竜雄・文　江川みさお・絵『りぼん』）	4	文部省、貧困家庭の学童に対する修学旅行費援助制度開始。
		（増刊号絵）「青い目の少女」（二反長半・文　花房秀樹・絵『りぼん』）	9	昭和33年の長期欠席児童は、5年前（34万人）の約半分に減少。
		「花とかけっこ」（飯沢匡・文　土方重巳・絵『りぼん』）	10	福岡県教育委員会、県内の炭鉱地帯で欠食などによる長期欠席の小・中学生4707人と発表。
	4	（マ）「おてんば天使」（横山光輝『りぼん』）	12	中学卒業者の最低資金は8時間労働で2500円。
	5	「チコのお話　かわいい悪魔」（川内康範・文　田村節子・絵『少女クラブ』）		
		（マ）「黒いこうもり」（細川知栄子『少女クラブ』）		
	6	（マ）「ユカをよぶ海」（ちばてつや『少女クラブ』）		
	8	（マ）「チャコちゃんの日記」（今村洋子『少女』）		
	9	（マ）「白馬の少女」（わたなべまさこ『少女ブック』）		
	10	（マ）「可奈ちゃん」（牧美也子『少女』）		
	12	（マ）「プリンセス・アン」（高橋真琴『少女』）		
昭和35年（1960）	1	「おかあさん」（窪田篤人・文　糸賀君子・絵『少女ブック』）	2	東京・武蔵野日赤病院に、日本初の小児マヒ治療センター完成。
		「真珠の旅」（澤野久雄・文　江川みさお・絵『少女クラブ』）	4	小学校の新入学児童、177万人と戦後最低を記録。
		（絵）「夕やけといっしょ」（窪田篤人・文　岸田はるみ・絵『りぼん』）	5	東京都世田谷区で小学生（7歳）の誘拐殺人事件発生（雅樹ちゃん事件）。
		「ホーム探偵・くすくす日記」（筒井敬介・文　石田英助・絵『りぼん』）	6	北海道で小児マヒ集団発生。
		「おかあさんの星」（小糸のぶ・文　斉藤としお・絵『りぼん』）	7	小児マヒに対する国民運動起こる。9月、小児マヒワクチンを緊急輸入。
		「ほらふき小町」（森いたる・文　田村節子・絵『少女クラブ』）	10	厚生省、国民栄養調査実施。国民の4人に1人は栄養不良、子供の発育に問題ありと発表。
		「玲子のクラス」（津村節子・文　石原豪人・絵『少女クラブ』）	11	警視庁、浅沼委員長刺殺事件がきっかけで青少年に刃物ををもたせない運動実施。
		「十二ひとえの人形」（都築道夫・文　斉藤寿夫・絵『少女クラブ』）		好景気で中卒生の求人ブーム。「金の卵」に。
		（マ）「星のたてごと」（水野英子『少女クラブ』）		
		（マ）「アラーの使者」（水野英子『ひとみ』）		
		（マ）「母の名呼べば」（細川知栄子『少女クラブ』）		
	4	「小さなケイとのっぽのケン」（曽野綾子・文　日向房子・絵『りぼん』）		
	9	「ママこっち向いて」（窪田篤人・文　糸賀君子・絵『少女ブック』）		
		（マ）「マキの口笛」（牧美也子『りぼん』）		

		(絵)「うずまくダイヤ」(木村光久／作・画『少女』)		
		(絵)「トマトさん」(飯沢匡・文　宮内祐・絵『少女』)		
		「月の夜星の夜」(白藤茂・文　勝山ひろし・絵『少女』)		
		「夢のゆりかご」(小糸のぶ・文　辰巳まさ江・絵『少女』)		
		(マ)「かのこちゃん」(山根赤鬼『なかよし』)		
		(マ)「がんばれパリちゃん」(武内つなよし『少女ブック』)		
	5	(マ)「火の鳥」(手塚治虫『少女クラブ』)		
	6	「花物語」(三木澄子・文　佐藤漾子・絵『少女クラブ』)		
	8	(絵)「かなしみの門」(村岡花子・文　江川みさお・絵『なかよし』)		
昭和32年(1957)	1	「魔法人形」(江戸川乱歩・文　石原豪人・絵『少女クラブ』)	1	ラジオ東京(現・TBS)「赤銅鈴之助」の放送開始。子どもたちに「赤ザヤの刀」のおもちゃ流行。
		「三つの丘の物語」(若杉慧・文　藤井千秋・絵『少女クラブ』	6	全国でインフルエンザが流行。児童患者約50万5000人休校1200校に上る。
		(絵)「バラが泣いている」(一条明・文　勝山ひろし・絵『少女』)		文部省、小・中学校に「道徳」の時間を設けるよう通達。
		「野みち山みち」(小糸のぶ・文　辰巳まさ江・絵『少女』)		
		「クイズの怪人」(小山勝清・文　玉井徳太郎・絵『少女』)	8	文部省、全国の小・中学校の半数に保健室なしと発表。
		「ほんとうにあったお話」(立松由記夫・文　佐藤漾子・絵『少女』)		文部省、「すし詰め教室」は小学校で34%、中学校では35%と発表。
		(絵)「風の中のともしび」(若杉彗・文　勝山ひろし・絵『なかよし』)		
		(マ)「フイチンさん」(上田としこ『少女クラブ』)	10	ソ連、人工衛星スプートニク1号打ち上げ成功。
		(マ)「愛犬タロ」(長島慎二『少女』)	11	厚生省主催、第1回全国母子衛生大会開催。
		(マ)「りぼん城ものがたり」(益子かつみ『りぼん』)		
	4	(マ)「母さん二人」(横山光輝『少女』)		
		(マ)「夕やけの曲」(東浦美津夫『少女クラブ』)		
		(マ)「こけし探偵局」(手塚治虫『なかよし』)	12	厚生省、15～29歳の青少年の自殺者数は男女とも世界一と発表。
	7	(絵)「花の姉妹」(沢田賢二・文　花房秀樹・絵『りぼん』)		
		「あまから選手」(森いたる・文　日向房子・絵『少女クラブ』)		
		「赤い影ぼうし」(西条八十・文　谷俊彦・絵『少女クラブ』)		
		(絵)「十字架の星」(高樹純之・文　勝山ひろし・絵『少女』)		
		(絵)「すずをならす子」(島村俊夫・文　木村光久・絵『少女』)		
	8	(マ)「山びこ少女」(わたなべまさこ『少女ブック』)		
	9	「星の道は遠い」(小糸のぶ・文　勝山ひろし・絵『少女クラブ』)		
	10	「わが子よ幸福に　幸子」(小糸のぶ・文　辰巳まさ江・絵『少女』)		
		(マ)「クラスおてんば日記」(今村洋子『少女』)		
	12	(マ)「銀の花びら」(水野英子『少女クラブ』)		
昭和33年(1958)	1	「塔上の奇術師」(江戸川乱歩・文　石原豪人・絵『少女クラブ』)	2	ラジオ東京(現・TBS)でテレビ映画第1号「月光仮面」放送開始。子どもたちの間に月光仮面ごっこがはやる。風呂敷を首に巻いて屋根から飛び下りたりする子のけがが増え、社会問題に。
		「影絵物語」(藤井千秋／絵と文『少女』)		
		『少女』の絵物語がなくなり、少女小説も「私のグチ日記」(石田英助・絵)「ほんとうにあったお話」(佐藤漾子・絵)のさし絵以外、写真が使われるようになる。	3	東京都、公立・私立中学3年生に初の学力テストを実施。
		「世界名作影絵物語」(アンデルセン他・原作　藤井千秋・絵『りぼん』)	5	文部省、すし詰め教室解消のため、公立小・中学校の学級定員を50人に。
		(マ)「青い十字架」(牧美也子『少女クラブ』)	6	厚生省、虫歯半減運動を実施。

	(絵)「新笛吹童子」(北村寿夫・文　加藤敏郎・絵『少女』) 「私のグチ日記」(森いたる・文　石田英助・絵『少女』) 11 (絵)「嵐の小夜曲」(横山美智子・文　勝山ひろし・絵『少女の友』)	
昭和30年(1955)	1 『なかよし』(講談社)創刊。『りぼん』(集英社)創刊。勝山ひろしの絵物語が『なかよし』の巻頭に毎号掲載される。 「白ゆり少女」(大庭さち子・文　糸賀君子・絵『なかよし』) (絵)「ひよどり草紙」(吉川 英治・原作　玉井徳太郎・絵『なかよし』) (絵)「花びらのうた」(二反長半・文　長谷川露二・絵『りぼん』) (絵)「まり姫さま」(小山勝清・文　佐藤広喜・絵『少女』) (絵)「白鳥のゆくえ」(菊田一夫・文　糸井俊二・絵『少女ブック』) (絵)「美しき涙」(北条誠・文　勝山ひろし・絵『少女ブック』) 「なつかしの花園」(大林清・文　勝山ひろし・絵『少女ブック』) (マ)「白ゆり行進曲」(横山光輝『少女』) (マ)「カナリヤさん」(東浦美津夫『少女』) (マ)「ぽんぽこ花合戦」(倉金章介『少女ブック』) (マ)「ピノキオ姫」(倉金章介『少女クラブ』) 4 (絵)「真珠おとめ」(中江良夫・文　佐藤漾子・絵『少女』) (絵)「花は清らに」(北条誠・文　相沢光朗・絵『少女クラブ』) (絵)「チコトン通信」(森いたる・文　石田英助・絵『少女クラブ』) (マ)「中村メイコちゃん」(上田としこ『少女ブック』) 6 『少女の友』終刊。 7 『少女クラブ』A5判からB5判に大型化する。 「ひとみちゃん」(三谷晴美・文　佐藤漾子・絵『なかよし』) 9 (マ)「ぽんこちゃん」(上田としこ『りぼん』) 11 (マ)「キノコちゃん」(東浦美津夫『少女クラブ』) 10 (絵)「星よいつまでも」(大林清・文　高木清・絵『なかよし』)	3 神奈川県横浜市の中学生、プロレス遊びで頭を殴られ死亡。プロレスごっこによる事故続発。 3 悪書追放の世論が高まり、出版団体連合会は自粛運動を推進。主婦連などは「見ない・買わない・作らない」の3ない運動推進。 4 NHKテレビで「私の秘密」が放送開始。 5 ヘレン・ケラーが来日。各地で講演。 文部省、青少年の野外活動を奨励。 6 飛び出しナイフなど「危険なおもちゃ」の所持禁止をねらう取締令の一部改正法案成立。 9 文部省、小学校の修学旅行の宿泊を禁止。 文部省の調査で、父母負担の教育費(生徒1人当たりの年額)は小学校7968円、中学校9641円、高校2万5251円と発表。 11 全国の少年労働者(15～19歳)は、429万5400人。 童謡「ちいさい秋みつけた」が発表される。 ラジコンカーが発売される。1セット4500円。
昭和31年(1956)	1 (絵)「おとめ城」(細島喜美・文　佐藤広喜・絵『なかよし』) 「バラさく小みち」(宇野信夫・文　糸賀君子・絵『なかよし』) 「こばとはどこに」(菊田一夫・文　勝山ひろし・絵『りぼん』) (マ)「一ばん星の歌」(横山光輝『少女』) (マ)「くらやみ姫」(木内シゲル『少女クラブ』) (マ)「おせんち小町」(うしおそうじ『少女クラブ』) (絵)「さくらひめ」(南村喬/作・画『りぼん』) (絵)「おねえさんと一緒」(筒井敬介・文　日向房子・絵『りぼん』) (絵)「ケニヤのひとみ」(山川惣治/作・画『りぼん』) 「リラの花かげに」(小糸のぶ・文　勝山ひろし・絵『少女クラブ』) 「すみれの怪人」(西条八十・文　谷俊彦・絵『少女クラブ』) (絵)「花におう丘」(大林清・文　相沢光朗・絵『少女クラブ』) (絵)「おもかげ草紙」(中沢堅夫・文　伊勢田邦彦・絵『少女クラブ』)	1 日本、国際児童福祉連合(ユニセフ)に加盟。 2 朝日新聞が紙面を通して戦災孤児の「親探し運動」を始める。 3 学校給食法改正、中学校への適用を決める。 戦後の就職列車第1号が走る。(九州から) 政府の調べで、日中・太平洋戦争での行方不明・国外残留者約63000人のうち45000人に生存の資料があることが判明。 4 貸本マンガ雑誌『影』(日の丸文庫)創刊、貸本マンガがブームに。 5 全国母子世帯調査実施。全国の母子世帯数115万。 9 文部省、国公立小・中・高校生を対象に、初の全国学力調査実施。 12 大阪市児童福祉司が街頭補導。以後、春期・夏期・年末に実施。 インフルエンザ全国的に流行。 ロケットやピストルなど、武器おもちゃが出回る。 手塚治虫の「鉄腕アトム」が人気を博す。

		(絵)「魔境の二少女」(西条八十・文　古賀亜十夫・絵『少女』)		『アンネの日記』(文藝春秋)の日本語版が出版される。
		「さくら草物語」(三木澄子・文　佐藤漾子・絵『少女クラブ』)		
		(絵)「もん子もん吉旅日記」(宮崎博史・文　林義雄・絵『少女クラブ』)		
		「虹立つ丘」(船山馨・文　佐藤漾子・絵『少女サロン』)		
		(マ)「ロッキーちゃん」(皆川アキラ『少女』)		
昭和28年(1953)	1	「ばら色のリボン」(飯沢匡・文　佐藤漾子・絵『少女』)	1	都内の小学校で、給食費の未払いが2万8000人を突破。
		「ゆりかごの歌」(尾山一志・文　勝山ひろし・絵『少女』)	2	厚生省の混血児実態調査で、施設外に3490人、施設入所者482人と判明。
		『少女クラブ』で「世界名作絵物語」を連載。		基地の子どもを守る会全国会議結成。
		「絶海の女王」(久米元一・文　梁川剛一・絵『少女クラブ』)	3	中国からの集団引き揚げ第1弾の「興安丸」入港。2009人が上陸。
		「雲よいずこへ」(大林清・文　勝山ひろし・絵『少女ブック』)		ウォルト・ディズニーのカラーアニメ映画「シンデレラ姫」が封切り。
		(マ)「リボンの騎士」(手塚治虫『少女クラブ』)	5	文部省、修学旅行や遠足時の伝染病感染や集団食中毒の防止を学校通達。
		(マ)「おてんばテン子ちゃん」(高野よしてる『少女サロン』)		
	4	「若殿天狗」(山手樹一郎・文　富賀正俊・絵『少女クラブ』)	6	厚生省、全国要保護児童調査を実施。要保護児童74万3600人と推計。
		「虹咲くところ」(八住利雄・文　勝山ひろし・絵『少女』)	7	非行対策として青少年問題協議会設置法公布。
	6	(絵)「心の王冠」(菊池寛・文　花房秀樹・絵『少女ブック』)	12	厚生省、中学校の夜間学級に通学している生徒の家庭実態調査。
		「花散る窓」(水島あやめ・文　山本サダ・絵『少女クラブ』)		文部省、「わが国教育の現状」を発表。
	9	「遠いゆめの日」(堤千代・文　相沢光朗・絵『少女』)		文部省の調査によると、貧困が主因の長期欠席の小・中学生は28万9000人。
		(マ)「もんこ姫諸国漫遊記」(倉金章介『少女ブック』)		
	11	(マ)「シカ笛の天使」(うしおそうじ『少女クラブ』)		
	12	『少女』A5判からB5判に大型化する。		
昭和29年(1954)	1	「すずめ待てども」(堤千代・文　糸賀君子・絵『少女ブック』)	2	第1回里親および職親を求める運動開始。
		「花いつの日に」(小糸のぶ・文　勝山ひろし・絵『少女クラブ』)	3	厚生省、児童の育成医療給付制度を新設。
		「かえで鳥の歌」(堤千代・文　江川みさお・絵『少女クラブ』)	4	小学校の新入生、ベビーブームの影響で前年より55万人多い、255万人が入学。
		(絵)「きゅうどん夢道中」(宮崎博史・文　倉金章介・絵『少女クラブ』)		NHKラジオで「ヤン坊、ニン坊、トン坊」の放送開始。
		(絵)「花咲く丘」(佐藤紅緑・原作　玉井徳太郎・絵『少女ブック』)		映画「笛吹童子」が公開され、主演の中村錦之助と東千代之介が子どもたちのアイドルとなる。
		(マ)「ナスビ女王」(手塚治虫『少女』)		
	2	(絵)「あかい花しろい花」(大林清・文　勝山ひろし・絵『少女』)	9	映画「二十四の瞳」が公開される。
	4	「ここに幸あり」(小糸のぶ・文　松本昌美・絵『少女』)	11	わが国初のＳＦ映画、「ゴジラ」(東宝、監督・本多猪四郎)封切り。
		(絵)「青い仮面」(木村荘十・文　高木清・絵『少女』)	12	東京都青少年問題協議会、ヒロポン対策として覚醒剤本部を設置。厚生省29年のヒロポン中毒患者は20万人以上と発表。
		(絵)「なぞの紅ばら荘」(西条八十・文　佐藤漾子・絵『少女』)		高校進学率50％を超す。
		(マ)「ポッポ行進曲」(うしおそうじ『少女サロン』)		この年、女の子の間でミルク飲み人形が大ブーム。
	7	(絵)「花咲く丘へ」(佐藤紅緑・原作　玉井徳太郎・絵『少女クラブ』)		
	8	(絵)「星はゆれるよ」(阿木翁助・文　江川みさお・絵『少女』)		
		「あの道この道」(吉屋信子・原作　田井洋子・文　勝山ひろし・絵『少女クラブ』)		
	9	(絵)「あしたさく花」(長谷川幸延・文　木村光久・絵『少女』)		

		（絵）「少女ターザン」（皆川アキラ／作・画『少女』）		
	9	『令女界』（宝文館）終刊。		
		（絵）「乙女のしらべ」（柴田錬三郎・文　山本サダ・絵『少女サロン』）		
	10	（マ）「ピカドン娘」（倉金章介『少女サロン』）		
昭和26年（1951）	1	「万葉姉妹」（川端康成・文　玉井徳太郎・絵『ひまわり』）	2	大都市でのみ実施されていた学校給食が全国市制地247都市の約5000小学校、学童400万人に広がる。
		「少女詩人」（西条八十・文　池田かずお・絵『少女ロマンス』）		田舎から上京し、都内に就職する中高卒が急増。
		「どこかで星が」（堤千代・文　糸賀君子・絵『少女』）	3	東京都が給食費を払えない家族の扶助を決定。
		「おとめ街道」（山手樹一郎・文　玉井徳太郎・絵『少女クラブ』）	5	東京都が子どもの夜間労働の実態調査を実施。女児は花売り、男児はゴム風船売りが上位。
		「乙女椿」（北条誠・文　山本サダ・絵『少女ロマンス』）	5	「児童憲章」制定。児童は人として尊ばれるなど規定。
		「風に咲く花」（船山馨・文　佐藤漾子・絵『少女クラブ』）		全国の浮浪児は推定で6万～7万人。うち戦災で親兄弟を亡くした浮浪児は2割足らず。あとは子どもの虐待、酷使、放任などから浮浪化。
		「天使の歌」（藤沢桓夫・文　佐藤漾子・絵『少女』）		この月だけで売られた子どもは昭和25年（1950）の3倍の644人に。厚生省の推定によると、この1年間に身売りされた児童は約5000人。受け入れ先はほとんどが特殊飲食店。
		（絵）「白い十字架」（小松崎茂／作・画『少女』）		
		（絵）「コケシちゃん」（皆川アキラ／作・画『少女』）		
		「にじの乙女」（西条八十・文　山本サダ・絵『女学生の友』）	5	ウォルト・ディズニーの長編カラーアニメ「バンビ」が公開。
		「マロニエの花さきて」（芹沢光治良・文　猪熊弦一郎・絵『女学生の友』）		戦後の非行のピーク。戦争孤児・浮浪児の増加や生活難などが背景。
		『少女ブック』（集英社）創刊。	7	赤痢が大流行。患者9万3039人、死者1万4836人。
		（絵）「心の王冠」（二反長半・文　花房秀樹・絵『少女クラブ』）	12	少年少女雑誌が大流行、42種類総発行部数は約780万部に達する。
		（マ）「ちちれさん」（横山隆一『少女クラブ』）		
		（マ）「探偵タン子ちゃん」（小野寺秋風『少女』）		
	4	「七つの鈴の物語」（菊田一夫・文　山本サダ・絵『少女』）		全国の家出人は約8000人、内1000人が15～19歳の少女。動機は家庭の不和、求職、都会への憧れ、素行不良、恋愛のもつれの順。
		「アリゾナの緋薔薇」（西条八十・文　松本かつぢ・絵『少女』）		
	8	『少女ロマンス』休刊。		
		「花さく丘に」（小糸のぶ・文　藤形一男・絵『少女』）		
	9	『少女ブック』（集英社）創刊。		
		（マ）「ボクちゃん」（上田としこ『少女ブック』）		
		（マ）「てるてる姫」（早見利一『少女ブック』）		
	10	（マ）「ホクロちゃん」（高野よしてる『少女』）		
	12	『少年少女』終刊。		
昭和27年（1952）	1	「仔猫ルリちゃんのつぶやき」（街夕記子・文　上田としこ・絵『ひまわり』）	4	ＮＨＫラジオで連続ドラマ「新諸国物語」（北村寿夫作）始まる。「白鳥の騎士」「笛吹童子」「紅孔雀」「オテナの塔」「黄金十字城」の5部作が続いた。
		「風雲黒姫城」（檀一雄・文　岩田浩昌・絵『少女サロン』）		学校給食が全国町村の小学校に拡大実施。
		（絵）「ロッキーちゃん」（皆川アキラ／作・画『少女』）	5	日本子どもを守る会結成。11月から子どもを殴らない運動開始。
		（絵）「星よまたたけ」（井上靖・文　勝山ひろし・絵『少女』）	6	労働省婦人少年局の調べで、昭和26年から1年間に身売りされた子ども（17歳以下）は1488人。9割が少女で、12歳以下が18人。
		（絵）「少女一休さん」（石田英助／作・画『少女』）		
		（絵）「大高原の天使」（マキ・イチロー・文　谷俊彦・絵『少女クラブ』）		
		（絵）「黒いチューリップ」（中島光子・文　勝山ひろし・絵『少女サロン』）	7	児童福祉法改正により、深夜の花売り・ピーナツ売りなど18歳未満の児童の街頭労働等が全面禁止。
		（マ）「ミス・リボンの冒険」（早見利一『少女サロン』）	8	カバヤ食品、「カバヤ児童文庫」を創刊。子どもたちの人気を集めた。
	2	「花と小鈴」（川端康成・文　玉井徳太郎・絵『ひまわり』）	9	厚生省、全国母子世帯一斉調査を実施。母子世帯数は69万4700世帯、総数229万3440人で半 数が戦争の影響。
	4	「エミ物語」（中野実・文　江川みさお・絵『少女』）		
		「風よやさしく吹け」（水島あやめ・文　山本サダ・絵『少女』）	12	壺井栄『二十四の瞳』（光文社）が出版される。

年	月	少女雑誌	月	社会
昭和23年 （1948）	1 2 4 7	「駒鳥のランタン」（菊田一夫・文　岩田専太郎・絵『ひまわり』） 「マクサの子供たち」（中村妙子・文　桜井悦・絵『少女の友』） 「おべんとう」（壺井栄・文　中山雪光・絵『少女の友』） 「光と風」（富沢有為男・文　猪熊弦一郎・絵『少女クラブ』） 「デモクラシー教室」（神崎清・文　池部一郎・絵『少女クラブ』） （マ）「銀目の女王さま」（松下井知夫『少女クラブ』） 『少年少女』（中央公論社）創刊。 （口絵小説）「薔薇日記」（北条誠・文　中原淳一・絵『ひまわり』） 『少年少女漫画と読物』創刊。 戦後第1次マンガブーム。『漫画少年』（学童社）など創刊相次ぐ。 （絵）「よき乙女ドラ」（村岡花子・文　西村保史郎・絵『少女クラブ』）	1 2 7 9 10 11 12	もらい子103人を殺害、養育費などを着服した寿産院事件発覚。 全国孤児調査で孤児総数12万3504人と判明。 混血児救済施設「エリザベス・サンダース・ホーム」（園長・沢田美喜）開設。 東京都内のパチンコ店は831軒。入場者の7割は子ども。 子どもたちの間で紙芝居が人気に。全国の紙芝居業者の数約5万人。 里親制度が発足。昭24年8月に里親は1200世帯に。 厚生省、浮浪児根絶緊急対策要綱を通達。 GHQ、東京都内の私立学校経営者に「金儲け主義をやめよ」の警告書。 秋田県などで小・中学校の週5日制を実施。 本を読みたい子どもの本の万引き激増。
昭和24年 （1949）	1 2 4 5 6 7 10	『少女世界』（富国出版社）創刊。 「少年」（吉屋信子・文　辰巳まさ江・絵『少女の友』） 「ホテル白孔雀」（大田洋子・文　高井貞二・絵『ひまわり』） （マ）「ワカ子ちゃん」（長谷川町子『少女クラブ』） 『少女』（光文社）創刊。 『少年少女冒険王』（秋田書店）創刊。 「虹を求めて」（火野葦平・文　松田文雄・絵『少女クラブ』） 「くれないの聖像」（土師清二・文　山口将吉郎・絵『少女』） 「二葉のクローバー」（久米正雄・文　辰巳まさ江・絵『少女』） 「エレン物語」（村岡花子・文　松本かつぢ・絵『ひまわり』） （マ）「あんみつ姫」（倉金章介『少女』） 「歌劇学校」（川端康成・文　中原淳一・絵『ひまわり』） （マ）「くるくるクルミちゃん」（松本かつぢ『少女』） 『少女ロマンス』（明々社）創刊。 「メイコ朗らか日記」（上田としこ『少女ロマンス』） 「どこまでも」（大仏次郎・文　玉井徳太郎・絵『少女の友』） 「三ちゃん物語」（紅ユリ子・文　松本かつぢ・絵『少女の友』）	1 3 9 10 10	山形労働基準局、県内の子女の身売りが2500人を突破と発表。 東京都、DDT散布で女子学童に増えている頭髪シラミを駆除。 東京都内で新学年度小中学校の教室不足が深刻化する。大田・杉並・葛飾・足立区などで、4月から小学校低学年の3部授業実施を決定。 東京の盛り場に靴磨き少年や花売り娘が激増。 満州（現・中国東北部）からの引き揚げ再開第一船が舞鶴港に帰港。 警視庁、少年ヒロポン患者急増で取り締まりを開始。全国で常習者285万人。 東京都内の小・中学校の長期欠席児童は昭和23年の2倍の4400人。親の失業が主な原因。 第1次ベビーブームで年間出生数は約270万人と史上最高。
昭和25年 （1950）	1 2 4 5 6	（口絵小説）「病める薔薇」（北条誠・文　中原淳一・絵『ひまわり』） 「みんなきた道」（堤千代・文　佐藤漾子・絵『少女』） （マ）「ちぢれさん」（横山隆一『少女クラブ』） 「花それぞれ」（吉屋信子・文　山本サダ・絵『少女の友』） 『女学生の友』（小学館）創刊。 「黄金孔雀」（島田一男・文　伊勢田邦彦・絵『少女』） （マ）「クイン・モナの冒険」（松下井知夫『女学生の友』） 勝山ひろし『女学生の友』で雑誌デビュー。 『少女サロン』（偕成社）創刊。 「荒野の虹」（円地文子・文　花房秀樹・絵『少女サロン』） 「青衣の怪人」（西条八十・文　富永謙太郎・絵『少女クラブ』）	3 4 9 10 12	文部省調査で学童の体格は食糧事情がよくなり向上。近視・虫歯も激減。 ＮＨＫから「三太物語」（青木茂原作）が放送。大人気に。 上野動物園の象のインディラなどを乗せた特製貨車による「移動動物園」が東北・北海道など各地に巡回。大人気に。 ガリオア資金による8大都市小学校のパン完全給食開始。 朝鮮戦争で金属類が値上がり、電話の銅線などの盗難が続発。子どもたちによる銅線集めが問題化。 東京都内の小学生に「将来は何になりたいか」を調査。男子はプロ野球選手、女子は学校の先生がトップ。 子どもの家出や犯罪激増。警視庁がこの年6500人を収容。

少女雑誌関連年譜【昭和20〜38年】

絵物語は作品タイトルの前に（絵）、マンガは（マ）と記載いたしました。

年号（西暦）	戦後の少女雑誌の変遷と小説・絵物語・マンガ	子どもの世相
昭和20年（1945）	3 『少女倶楽部』3月4月合併号で発行。 『少女の友』4月号から口絵を廃止。 5 『少女倶楽部』5月6月合併号を発行。 6 『少女の友』6月7月合併号を発行。 8 『少女倶楽部』8月9月合併号を発行。 ＊10月号以降、愛国小説と称する小説の掲載がなくなり、友愛小説、純情小説とうたわれる小説が登場。 9 「石臼の歌」（壺井栄・作『少女倶楽部』） 11 『少女の友』10月11月合併号を発行 『少女倶楽部』11月12月合併号を発行 「秋高し」（小糸のぶ・文　吉澤廉三郎・絵『少女倶楽部』）	8 15日、終戦。28日文部省、9月中旬までに全学校の授業再開を通達。 9 戦災孤児・引き揚げ孤児・家出浮浪児が激増。 10 東京の集団疎開児童の帰京始まる。戦後初の映画「そよかぜ」封切り。並木路子が歌う主題歌「リンゴの唄」がヒットする。 11 戦災孤児の救援バザー各地で開かれる。 GHQ、チャンバラ映画を軍国主義的として上映禁止。 12 童謡「里の秋」「汽車ポッポ」が発表され、流行する。 各地で弁当を持参できない学童が続出し、午後の授業は中止の学校出る。
昭和21年（1946）	1 「乙女の国」（細川武子・文　吉沢廉三郎・絵『少女倶楽部』） 「それから物語」（サトーハチロー・文　河目悌二・絵『少女倶楽部』） 『少女倶楽部』で2色・オフセットの絵物語風の口絵を連載。 4 講談社発行の『少女倶楽部』『少年倶楽部』『幼年倶楽部』の『倶楽部』を『クラブ』と改題。 『令女界』（宝文館）復刊する。 「人間復興」（乾信一郎・文　河目悌二・絵『少女の友』） 7 「春乙女」（室生犀星・文　長沢節・絵『少女クラブ』） 8 「緑の森」（長谷川俊・文　長沢節・絵『少女の友』） 10 「二つの楽園」（日吉早苗・文　河目悌二・絵『少女の友』） 11 中原淳一、『それいゆ』（ひまわり社）を創刊する。	1 東京で紙芝居復活。商品は小麦粉のカスを固めて揚げた煎餅や芋飴。 文部省、学校農園などによる給食の普及を奨励。 NHKで「のど自慢素人音楽会」の放送開始。 2 文部省が全国の戦災学校数は3556校と発表。 東京では青空教室が出現。 6 文部省、食糧危機のために夏休みの繰り上げ、授業短縮を通達。 7 大阪で子供のヤミ市への出入りを防ぐため、「夏休みも学校を」という母の会の要望で水曜以外は授業を続けることに。 8 川田正子の「みかんの花咲く丘」がＮＨＫラジオで放送され大ヒット。 11 ララ（アジア救済連盟）物資による食糧、衣料、医薬品などの第1回救援物資配給開始。 物資は児童福祉施設など、全国的に配分。52年まで継続。 12 ガリオア資金（アメリカ陸軍の占領地救済費）による小学校給食が開始。
昭和22年（1947）	1 中原淳一、『ひまわり』（ひまわり社）を創刊する。 「アルプスの少女」（吉田絃二郎・文　蕗谷虹児・絵『少女クラブ』） 「天使」（森三千代・文　蕗谷虹児・絵『ひまわり』） 「窓ひらく季節」（南川潤・文　中原淳一・絵『ひまわり』） 「白鳥かなしからずや」（船山馨・文　松山文雄・絵『少女クラブ』） 「小さい妹」（江間章子・文　高井貞二・絵『少女の友』） 石井桃子の『ノンちゃん雲に乗る』刊行。大ベストセラーに。 「お下髪の小僧」（サトーハチロー・文　松本かつぢ・絵『少女の友』） （影絵物語）「シンデレラ姫」（川口繁・文　中原淳一・絵『ひまわり』） 『少女クラブ』で2色口絵「詩華集」と題された詩画集を連載。 3 「人形の歌」（松田けい子・文　松本かつぢ・絵『ひまわり』） 11 「ポロンポロン物語」（サトーハチロー・文　岡田節子・絵『少女の友』）	1 小学校でララ物資による給食再開。副食のみ。主食は各自持参だが、手ぶらの子どもが多かった。 2 文部省の調査で、全国の18歳未満の児童生徒は1235万人。 4 6・3制の新学制発足。国民学校は小学校に。 7 ＮＨＫで戦災孤児を扱った放送劇「鐘の鳴る丘」（菊田一夫・作）放送。子どもたちの人気を集め、750回の長期連続ドラマとなる。 9 小・中学校の新しい教科として社会科授業開始。 10 GHQ、脱脂粉乳の大量放出を許可。学校給食を大規模に拡充。 登校時に、児童・園児から弁当を奪う少年が激増。 12 児童福祉法公布。 山川惣治の絵物語「少年王者」出版。大ヒットに。 欠食児童が激増。 東京都内で捨て子が増加。

[編者紹介]

堀江あき子（ほりえ・あきこ）

1965年生まれ。弥生美術館学芸員。

跡見学園女子大学文学部美学美術史学科卒業。

1991年より現職。

これまで担当した企画展に「江戸川乱歩の世界展」「懐かしの『少年倶楽部』展」

「斎藤五百枝展」「松野一夫展」

「江戸川乱歩の少年探偵団展」などがある。

著書に『江戸川乱歩と少年探偵団』（編、河出書房新社）

『少年少女ふろくコレクション』（共著、藝神出版社）がある。

乙女のロマンス手帖

2003年9月20日　初版印刷

2003年9月30日　初版発行

編者　堀江あき子

発行人　若森繁男

発行所　河出書房新社

東京都渋谷区千駄ヶ谷2—32—2

電話　03-3404-1201（営業）

　　　03-3404-8611（編集）

http://www.kawade.co.jp/

装幀・レイアウト　タイプフェイス

印刷　凸版印刷株式会社

製本　大口製本印刷株式会社

ISBN4-309-72732-8

定価はカバー・帯に表示してあります。

落丁・乱丁本はお取替えいたします。